LENIZA KAUTZ MENDA

LENIZA KAUTZ MENDA

Escritoras Israelenses de A a Z

AzuCo publicações

2ª edição, São Paulo

Título original
Escritoras israelenses de A a Z

Projeto e capa Marcelo Girard
Revisão de texto Vania Cavalcanti
Preparação de texto Marina Coelho
Editoração S2 Books

Imagem da capa Sefira Lightstone | www.sefiracreative.com

Direitos exclusivos de publicação somente para o Brasil adquiridos pela AzuCo Publicações.

azuco@azuco.com.br
www.azuco.com.br

Dados Internacionais de Catalogação na Publicação (CIP)
(Câmara Brasileira do Livro, SP, Brasil)

Escritoras israelenses de A a Z / [organização] Leniza Kautz Menda. -- 2. ed. -- São Paulo :AzuCo Publicações, 2025.

Várias autoras.
Bibliografia.
ISBN 978-65-85057-33-2

1. Análise literária 2. Literatura hebraica 3. Literatura iídiche - História e crítica 4. Literatura israelense 5. Mulheres e literatura I. Menda, Leniza Kautz.

25-254609 CDD-892.4

Índices para catálogo sistemático:
1. Ensaios : Literatura israelense 892.4
Eliane de Freitas Leite - Bibliotecária - CRB 8/8415

Aos meus amados netos Lino, Miguel, Felipe e Carolina com um abraço carinhoso da vovó Lelê.

Sumário

APÊNDICES

Prefácio

Rafael Bán Jacobsen

A narrativa fundadora da sociedade israelense - ou, se preferirem, a alma literária de Israel - está, sem sombra de dúvida, no grandioso relato bíblico, desde a gênese do mundo até a entrada do povo judeu na Terra Prometida, completando-se com os relatos posteriores sobre os reis dessa nação, bem como os provérbios, cânticos e ditos sapienciais muitas vezes a eles atribuídos. Nesses textos fundamentais, homens e mulheres encontram-se igualados em, pelo menos, um quesito. Como escrevem Fania Oz-Salzberger e Amós Oz em *Os Judeus e as Palavras*, os homens e as mulheres bíblicos "viviam apenas na história, na história terrena, sangrenta", "nua e crua", não lhes restando muito espaço para viver por intermédio das palavras, urdindo ficções, compondo versos. Raras exceções podem ser encontradas em Davi e Salomão, considerados autores dos Salmos, e nas figuras femininas de Miriam, irmã de Moisés e Débora, juíza dos israelitas e líder contra o domínio de Canaã - ambas tidas como profetisas e poetisas. Mais tarde, durante a época do Segundo Templo, da Mishná e do Talmud, acaba se firmando a cisão que se prolongaria até a contemporaneidade. De um lado, as casas de estudo e as sinagogas onde os homens se reúnem para estudar, constituindo um ambiente letrado no qual despontaram gerações de rabinos e eruditos; de outro, a casa da família, o ambiente doméstico onde as mulheres eram mantidas à distância.

Desde então, foi lenta, mas constante, a disrupção que trouxe as vozes femininas para o primeiro plano da literatura produzida pelo povo de Israel: Dulcea de Worms (no século XII), Dvorá Ascarelli (no século XVI), Frecha Bar Yosef (no século XVIII), Rachel Morpurgo (no século XIX), entre outras. O ápice dessa escalada está na obra das escritoras israelenses da atualidade, as quais, até agora, no Brasil, seguiam desconhecidas pelo público e pela crítica.

Em *Escritoras Israelenses de A a Z*, a professora Leniza Kautz Menda leva a cabo a imensa - e necessária - tarefa de preencher essa lacuna, trazendo à luz um aprofundado estudo sobre os principais livros de 29 autoras de Israel. Aqui, encontra-se um panorama da literatura feita por mulheres nesse país tão pequeno em extensão, mas grandioso em passado histórico, hibridização cultural, efervescência religiosa, diversidade humana e significância política - temas que perpassam os textos dessas escritoras, entrecruzando-se, ora harmoniosa, ora conflituosamente. Percorrendo o itinerário proposto neste livro, o leitor encontrará nomes já publicados por aqui, como Ayelet Gundar-Goshen, Orly Castel-Bloom e Zeruya Shalev, bem como outros ainda inéditos no mercado editorial brasileiro, a exemplo de Judith Katzir, Ayelet Tsabari e Shifra Horn.

O pioneiro trabalho de pesquisa da professora Leniza, apenas pelo seu ineditismo, já merece lugar de destaque na estante de todos aqueles que gostam de se aventurar pelas múltiplas veredas da literatura contemporânea. Porém, como se isso não bastasse, a qualidade analítica das resenhas aqui reunidas por Leniza e seus eméritos colaboradores torna *Escritoras israelenses de A a Z* um título indispensável para a compreensão da visão feminina sobre os mais marcantes conflitos da sociedade israelense de hoje - os quais, talvez não surpreendentemente, coincidem, na essência, com os conflitos em torno dos quais toda a humanidade, independente do gênero, vem se debatendo ao longo dos tempos.

Rafael Bán Jacobsen nasceu em Porto Alegre. É autor de Tempos & Costumes *(1998) e* Solemar *(2005), ambos agraciados com o Prêmio Açorianos de Literatura. Em 2009, escreveu Uma Leve Simetria e participou de diversas coletâneas. É físico, professor, pianista e escritor. Foi diretor do Instituto Judaico Marc Chagall. Trabalha com pesquisa em cosmologia e em física nuclear e de partículas na Universidade Federal do Rio Grande do Sul (UFRGS).*

1 Alona Kimhi

1.1 Lily, La Tigresse

Felicidade ou ilusão?

Leniza Kautz Menda

> Uma celebração absoluta da fantasia, da ousadia e da exuberância... agradável do início ao fim.

Lily, la Tigresse, romance da autora israelense Alona Kimhi, retrata uma Israel contemporânea, cosmopolita, urbana, com toques de fantasia, de *chick lit* e questões ambientadas no cotidiano de Tel Aviv. Trata-se de um gênero literário moderno, dirigido ao público feminino e mais conhecido como "literatura de mulherzinha".

Alona retrata a história de Lily, uma protagonista obesa e sem sorte no amor, que descobre uma espécie de liberdade selvagem na amizade que a une a Ninush, uma prostituta russa.

A autora delineia essas personagens com riqueza de detalhes, expondo as características físicas e psicológicas de ambas.

Lily vinha de uma rejeição dupla. Primeiro, não foi aceita nas Forças de Defesa de Israel por estar acima do peso, o que ocasionou um desgosto grande por não poder servir ao país. Segundo, perdeu o amor de sua vida. Amikam a desprezara porque sentia que havia algo ameaçador e selvagem na aparência física da namorada, evidência de algo doentio ou de uma deformidade. Lily, porém, se recusava a aceitar o medo e o desdém alheios. Tinha sim urgência de ser amada: "E subitamente a vida vai se resolver no amor que estou esperando para sempre, desde que eu era um embrião".

Lily é abandonada às vésperas do casamento por Amikam, um soldado do Exército Israelense, que a rejeitara, alegadamente, por não caber no vestido de núpcias que ele próprio comprara. É patente o preconceito que grassa na sociedade pelas pessoas obesas. Na verdade, Amikam, agora ex-noivo de Lily, patenteara um invento para dissolver celulite cujos resultados iniciais tinham sido desastrosos porque uma cliente morrera carbonizada. Mais tarde, as calcinhas elétricas que vibravam para dissolver mecanicamente a celulite foram aperfeiçoadas e começaram a funcionar com pilhas de modo a permitir que as mulheres pudessem se movimentar com liberdade e perderem peso. Portanto, a ambição financeira fora crucial para a dissolução do noivado. Lily não seria uma boa vitrine para ele.

Lily era filha de pais artistas do teatro iídiche em Tel Aviv, mas divergia deles por achar que queriam impedi-la de seguir o próprio caminho. Ao contrário dos pais, que acreditavam na união como corolário da espécie com o propósito de manter a linhagem, Lily era movida fundamentalmente pela paixão:

> Ele, Schopenhauer, acreditava que o amor era uma insensatez. Uma nuvem que cobre a razão que às vezes invade até as mentes mais brilhantes. Mas o

> homem é o único animal racional - então, por que isso acontece? Deve haver uma razão. E a razão é pura e simplesmente existencial, biológica. O desejo de viver. O desejo de continuar. De reproduzir. E esse desejo é tão forte que é capaz de se impor até mesmo para aqueles que não estão interessados na reprodução. Não tem nada a ver com encontrar um companheiro ou gratificação sexual ou prazer. É o desejo de garantir a continuidade da raça humana.

Ninush, uma prostituta de origem russa, trava amizade com Lily e ambas se identificam em suas carências afetivas, consolidando elos e apoiando-se mutuamente. Elas se conheceram na clínica dentária onde Lily trabalhava.

A vida amorosa de Ninush é desastrosa, visto que o homem que ela aparentemente amava, Leon, era ciumento, ambicioso e dominador. Leon é um ser contraditório por excelência: frequenta conferências feministas, e aparece nos noticiários e *talk shows* se posicionando contra a violência doméstica e a opressão das mulheres drusas. Ocorre que o discurso contemporizador esconde uma personalidade agressiva e sádica.

Ninush fora encontrada nas ruas de Tel Aviv por um contraventor de nome Chinguiz Magimetov, um imigrante da ex-União Soviética que se beneficiara da liberdade oferecida pela *perestroika* e viera para Israel em busca da fama e do enriquecimento por meio de uma rede de prostituição e de tráfico de crianças. Ele a instalou num apartamento de luxo na Ben Yehuda. Ninush tinha uma vantagem em relação às outras prostitutas, pois, além de ser bonita, dominava o hebraico:

> Diferentemente das outras garotas, ela não era um produto de importação recente da Comunidade dos Estados Independentes. Tinha chegado ao país como uma menina de tenra idade, uma gota salgada no mar da imigração dos anos noventa.

Chinguiz, ao perceber que a dentição podre de Ninush constituía um entrave para os negócios com clientes ricos, a levou para trabalhar em sua casa como *au pair*, designação para mulheres jovens que viajam a um país diferente com o intuito de ajudar na criação dos filhos pequenos. Em troca, recebem moradia, comida e algum dinheiro. Como não há legislação aplicável à atividade, alguns a consideram uma espécie de escravidão moderna.

Considerada inapta para o trabalho doméstico, o chefe a designa para supervisionar as crianças que os pais pobres colocam à venda. Submissa, ela se vê coagida a manter o sigilo e a compactuar com os segredos sórdidos do comércio de órfãos para clientes abonados de Israel e da Europa. Mantidas em apartamentos de luxo, algumas eram vendidas. Outras tantas, porém, eram usadas para a satisfação de pervertidos sexuais e até de psicopatas.

Chinguiz tenta preservar a própria imagem justificando o seu comportamento como o de um ser benevolente.

> Eu poderia me expandir pelo mundo todo. A América do Sul e também a África oferecem muitas oportunidades embora, para meu pesar, o mundo permaneça racista. As pessoas querem crianças loiras, com faces rosadas, narizes pequenos, olhos azuis. Há certa demanda pelos exóticos, negros, olhos puxados, mas são marginais, muito mar-

> ginais (...) O cliente escolhe a criança de acordo com a foto que eu mostro e eu as trago para lugares especiais que mantenho no mundo todo. Apartamentos de luxo. Acessórios, brinquedos, tudo perfeito. E o mais importante de tudo - as crianças são de primeira classe. Contentes, descontraídas. Parecendo dinamites. E por quê? Porque aqui, no abrigo, elas são bem tratadas. É claro. Eu não estou falando daquelas que vão com os psicopatas, os sádicos, mas, para eles, os preços são bem diferentes. Eu mesmo não consigo aturá-los - os psicopatas perversos -, mesmo assim, você me conhece, eu não julgo ninguém. Somente Deus pode julgar o bem e o mal. Mas como regra, as crianças são doces como o açúcar. E eu frequentemente acho que as afastei de um destino muito pior.

Lily herda um tigre do seu namorado chinês com quem ela transara numa cabine de avião. Esse encontro fugaz e momentâneo provocará uma metamorfose em sua vida amorosa. O carinho que ela nutre pelo tigre supre suas carências afetivas.

A relação entre Chinguiz (poder absoluto) e Ninush (fraqueza absoluta) se assenta numa relação de poder assimétrica e contrastante.

Lily, por sua vez, é uma mulher carente e solitária. Sente falta do contato carnal e sexual e, num périplo noturno pelas ruas de Tel Aviv, transa com desconhecidos: frequentadores de bares, jovens, religiosos, árabes e lixeiros. Suas relações são puramente carnais e isentas de afeto, trazendo cansaço e vazio:

> Eu poderia ter continuado. Meu desejo ainda não estava satisfeito, somente esmaecido pela exaustão que se espalhava pelos membros: os dentes caem e, em seu lugar, surgem estacas de marfim.

Engorda comendo as porções de carne crua, alimento compartilhado com o tigre. Além das mudanças físicas, seus instintos animalescos e ferozes afloram, exibindo o lado selvagem do ser humano, esse lado oculto, cativo do inconsciente:

> O desejo de uma mulher é um pântano sugador no qual nossas origens obscuras estão enterradas. A fim de fugir dessa origem animal, os seres humanos inventam tudo que já inventaram, mas a natureza é ardilosa e enganosa e sempre está lá, em nós e ao nosso redor, pregando seus jogos cruéis.

A sintonia entre Lily e o tigre se acentua e, no fim da narrativa, ela sai da cidade grande para viver com o animal numa reserva natural.

Lily, la Tigresse, com seus personagens exóticos, é uma fábula que nos faz refletir sobre a felicidade. Afinal, ela existe? Dependemos do amor para sermos felizes? A autora não oferece uma solução mágica para nossas carências, mas podemos refletir sobre o assunto por intermédio do seguinte pensamento da protagonista:

> (...)Talvez eu, e todos nós, estejamos muito envenenados, muito esperançosos, muito necessitados. Presos na busca da felicidade, na crença infantil e compulsiva de que ela seja a única possibilidade concebível, cegos às lições do passado, aos fatos do presente, tentando vislumbrar um futuro desconhecido, embriagados por uma promessa que

paira no ar, embora não esteja claro quem fez a promessa e nem se devemos confiar nele.

Alona Kimhi nasceu na Ucrânia em 1966 e foi para Israel com sua família em 1972. Foi atriz e modelo antes de começar sua carreira como escritora. Seu primeiro livro recebeu o Prêmio ACUM e, mais tarde, foi traduzido para o inglês com o título Lunar eclipse. Seu romance Weeping Susannah *recebeu o Prêmio Bernstein em 1999. Em 2001, ela recebeu o Prêmio Primeiro-Ministro. Seu romance* Lily, la Tigresse *foi publicado em 2004 e tornou-se um best-seller em Israel e na França.*

2. Ayelet Gundar-Goshen

2.1 Liar

Abuso sexual: mentira ou revelação da verdade?

Vivian Schlesinger

Quando Ayelet Gundar-Goshen lançou seu primeiro romance, em 2012, ficou evidente que uma nova estrela surgia na já brilhante literatura israelense. *Uma Noite, Markovitch* (Todavia, 2018) é o relato da recusa de um homem em abrir mão de um casamento fictício, feito apenas para salvar do nazismo a vida de jovens judias na Europa e trazê-las a Israel. O livro foi imediatamente traduzido para mais de treze idiomas e recebeu prêmios em muitos países. Os temas são fortes; os personagens, reais; e a atmosfera, um tanto mágica, com o perfume das laranjeiras em imagens inesquecíveis.

Em *Despertar os Leões* (Todavia, 2020), seu segundo romance, Gundar-Goshen deu um salto no tempo, do período que antecedeu a Guerra da Independência para os dias de hoje. O fio condutor é a relutância de Eitan Green, um neurocirurgião, em assumir a responsabilidade pelo atropelamento e morte de um imigrante eritreu, à noite, em uma estrada. Assim como Markovitch, esse protagonista não é uma pessoa má, é apenas alguém que se deixou envolver por uma mentira e vê sua vida, tal como é, ameaçada pela verdade. Aqui, em vez do fantástico, há o suspense, a concretude dos problemas pessoais, profissionais e até de Estado - a questão dos imigrantes ilegais. Mas sabiamente, a autora não transformou a história em libelo político. Não há absolutos, certos ou errados. Seres humanos têm falhas, assim como tudo que constroem, de um telefone celular a um país. Não há julgamento, o leitor é que se vê diante de um espelho e se pergunta o que faria no lugar de Eitan.

Apesar de se tratar de uma escritora jovem - Ayelet Gundar-Goshen nasceu em 1982 -, é perceptível, na sua escrita, a sua experiência de vida. Seu trabalho como jornalista, roteirista e, principalmente, como psicóloga clínica, com certeza contribui para esse caldo espesso formado por suas histórias. Foi reconhecida, desde a estreia, com prêmios literários importantes, como o Sapir, o Adei-Wizo na Itália e na França, o Jewish Quarterly Wingate na Inglaterra, o Editor's Choice do New York Times e do Wall Street Journal. Mas ela não escreve para a crítica especializada, sua linguagem é acessível, esconde a sofisticação no efeito que causa.

Há poucos meses, foi lançado no Brasil seu mais recente romance, *Outro Lugar* (Todavia, 2022), inclusive com a presença da autora em *tournée* por várias cidades. Trata-se de um casal israelense, com seu filho adolescente, Adam, que foi viver na Califórnia em busca do sonho americano. Tudo desmorona no dia em que um rapaz afrodescendente, colega de Adam, morre em circunstâncias suspeitas em uma festa. Em meio à investigação surgem os preconceitos de ambos os lados: o racismo por parte dos investigadores e o antissemitismo por parte da comunidade afrodescendente. E, no epicentro dessa tempestade, Lilach, a mãe, começa a se dar conta de que pouco conhece o filho, e pode haver uma grande mentira por trás da tragédia.

É um livro original por vários motivos, dos quais destaca-se a coragem de abordar o antissemitismo de um ângulo raramente exposto. Mas fiel ao seu projeto literário, a autora não reduz uma grande história a um tema circunscrito a esse ou aquele grupo humano. Além das frágeis relações entre pais e filhos e homens e mulheres, mais uma vez a protagonista se vê lutando contra as muitas pequenas mentiras que criamos todos os dias. Como num sonho de Jacob às avessas, em vez de sonhar que luta contra um anjo, seus dias passam a ser um pesadelo em que é brutalmente sacudida pela verdade.

O efeito da mentira na vida das pessoas é possivelmente a questão central na obra de Gundar-Goshen. Ele surge com grande impacto emocional em *Liar* (*Mentiroso*, em tradução livre), publicado em 2017, ainda sem tradução aqui. Nesse livro, deparamo-nos com uma protagonista de 17 anos chamada Nofar, nome de uma flor em hebraico, mas que nada tem de floral. É uma garota sem beleza, mas também não tem uma feiura digna de nota; sem charme ou qualquer estilo que lhe confira uma marca; e sem grande inteligência. Em outras palavras, praticamente invisível no mundo em que visibilidade é tudo. Pior ainda porque sua irmã, por quem é bastante afeiçoada, tem todos os atributos que lhe faltam. O narrador onisciente sabe:

> Elas vivem em um mundo que as colocou uma contra a outra, que lhes ensinou que as duas irmãs não podem ter a mesma atenção e sucesso - só há espaço para uma.

Nofar sonha em ser notada, daria tudo por uma pequena parte da atenção que a irmã recebe. Como personagem de

Ayelet Gundar-Goshen, Nofar não escapa: seu sonho se torna realidade, que se revela um pesadelo.

A premissa inicial é simples: Nofar trabalha em uma sorveteria e, um dia, é insultada gratuitamente por um cliente, Avishai, ele mesmo um *loser* de primeira grandeza. Um refugo do *reality TV* inconformado com seu novo *status* de invisível, disposto a vender a alma por mais 15 minutos de fama. E não é que o diabo estava prestando atenção? Ao entrar na sorveteria, Avishai dirige-se a Nofar e dispara:

> Sua retardada com cara de pudim! Sua vaca estúpida! Você devia depilar as sobrancelhas para sair em público. E essas espinhas, ninguém te avisou para não espremer? Só faltam umas azeitonas na sua cara para poder vender como pizza!

A garota estremece - quem não estremeceria? Mas após alguns segundos de paralisia, sai correndo da loja, chorando, e entra no beco ao lado para se esconder. Avishai corre atrás dela - porque não recebeu o troco pela nota de 200 *shekels*! - agarra a menina pelo braço para fazê-la calar, e é aí que ela grita para valer. E grita tanto que atrai uma multidão, inclusive a polícia e os indefectíveis celulares de plantão. Todos perguntam ao mesmo tempo se ele a atacou, o que aconteceu, e Nofar, no calor do momento, se deixa levar pela interpretação mais óbvia - mas não verdadeira - de um ataque sexual.

Pronto. Se visibilidade era o que ela queria, conseguiu, em dose letal. E também Avishai. Nofar passa a ser a celebridade dos programas de TV, começa a receber presentes, roupas de marca, atenção dos garotos na escola que antes a desprezavam, a ponto de eclipsar completamente o brilho da irmã. Avishai, por sua vez, vai preso, é julgado e condenado. Seu rosto estampa os jornais e, por algumas semanas, é assunto de chats, podcasts, salões de beleza, pontos de ônibus. Não poderia estar mais célebre se tivesse vencido um *Big Brother*.

O preço é igualmente imenso para ambos. Para Avishai, obviamente, pela derrocada irreversível que vem de fora para dentro. Mas para Nofar, a queda vem de dentro para fora. Sua consciência pesa. Várias vezes ela se vê prestes a revelar sua mentira, e a cada vez chega à conclusão de que tem mais talento para a mentira do que para a verdade. Até o final, que não será revelado aqui, o leitor é mantido no suspense se ela confessará ou não.

Entra Lavi, um garoto que por acaso viu a cena toda de cima, da janela do 4º andar do edifício ao lado do beco onde tudo aconteceu. Ao perceber que Nofar cria uma mentira, ele se vê poderoso, dono desse segredo. O que ele faz com esse poder é mais uma prova da compreensão de Gundar-Goshen sobre como trabalha a mente de um adolescente solitário. Para a surpresa até do próprio Lavi, ele será o personagem que mudará a vida de Nofar.

A técnica de simetria, entre personagens, entre famílias, entre histórias de vida, é explorada com habilidade. Nofar funciona como um farol de muitas faces, refletindo sua imagem em outros ao seu redor. Lavi, o garoto apaixonado, tem as mesmas dificuldades na vida social e em casa que Nofar. Maya, a irmã linda, troca de lugar com Nofar na hierarquia familiar. Avishai também tem profundas semelhanças com Nofar, ainda que, enquanto um perde tudo, a outra ganha. Essas linhas especulares, e especialmente em capítulos curtos, ágeis, colocam o leitor em constante deslocamento: sou mais parecido com Avishai ou com Nofar? De um lado ou de outro, é impossível para o leitor distanciar-se dos conflitos.

É um romance psicológico, mas não um romance de ideias; é um *thriller* sem violência. Gundar-Goshen escreve sobre a solidão e o conflito interior com grande sensibilidade, sem sacrificar a propulsão narrativa. A dinâmica familiar, as lealdades volúveis dos pais à filha "do momento", o amor juvenil que pode surgir da rejeição, as tentativas desesperadas dos filhos para corresponder às expectativas paternas e, quando isso falha, o jogo de esconde-esconde para não ser notado – todos esses temas são abordados em profundidade, a despeito da concisão e da leveza do romance. Há muita energia, sem melodrama.

Gundar-Goshen cria imagens poéticas a partir de pequenos eventos cotidianos para mostrar o que pensam os personagens. Sobre sua invisibilidade, Nofar pensa:

> (...) até vidro quebrado pode brilhar como um diamante se o sol o tratar com gentileza. Lavi, um adolescente que se apaixona por ela, descreve seu riso como damascos, e sua consciência pesada como um gato persa que roça brevemente em suas pernas, senta por um segundo em seu colo, e se afasta.

Há um subenredo surpreendente que merece um romance à parte, envolvendo uma senhora idosa, Raymonde, imigrante *mizrachi* dos anos 1940, que se apropria da história de Rivka, sua amiga sobrevivente da *Shoah*, viúva *ashkenazi* que acaba de falecer. A partir de uma mentira quase involuntária, Raymonde se enreda em sua própria teia e passa a contar "sua" história em Auschwitz. A autora consegue lidar com um tema pesadíssimo sem gerar polêmica e ainda levanta sutilmente questões sobre a tensão histórica entre *mizrachim* e *ashkenazim*, tão presente no dia a dia israelense como o conflito com os palestinos. Novamente a simetria entre as duas: Raymonde com sua história de vida nos campos de refugiados, e Rivka, em Auschwitz, mostram que há alguma verdade no fundo dessa mentira. A breve passagem de Raymonde na vida de Nofar - e breve demais no romance - mostra que a mentira e tudo que ela causa está presente em qualquer idade, que experiência de vida por si só não é o soro da verdade.

O leitor sabe muito bem quem são os mentirosos, mas isso não o impede de torcer por eles. Até um morador de rua surdo-mudo, que estava no beco na hora do suposto ataque, mente: não é surdo nem mudo e também enxerga muito bem, o que o coloca na perigosa posição de testemunha. Todos mentem, desde a primeira página, o que é desconcertante naquilo que revela sobre as pessoas; porque apesar de moralmente errado, sabemos que mentir pode trazer muita vantagem ao mentiroso. A autora deu um belo exemplo de isenção de julgamento moral ao abordar o tema de uma falsa acusação de ataque sexual em tempos de *#MeToo*, sem trivializar a realidade. O romance gera uma grande dúvida: como saber quem diz a verdade? Apesar de grupos políticos acusarem-se mutuamente de gerar *fake news* como um produto da modernidade, essas são tão velhas quanto a Bíblia, ou não haveria um mandamento contra o falso testemunho. A mentira de Nofar pode estar em todos nós há muito tempo.

Curiosamente, Nofar encontra a saída para suas mentiras: a escrita. Esse toque metaliterário parece refletir uma experiência formadora que Ayelet Gundar-Goshen teve aos 9 anos, segundo relata em entrevista. Naquela idade, quando seus colegas de escola começaram a contar a história de suas famílias, e vários entre eles tinham avós sobreviventes da Shoah, ela sentiu-se inferiorizada por não receber toda essa atenção, então inventou que sua avó também era sobrevivente. A mentira não foi longe e a avó de Nofar ficou furiosa quando soube que a neta mentira.

Mas além da bronca, deu-lhe um caderno e disse: se você quer inventar histórias, escreva-as aqui, não como verdade, e sim como produto da sua imaginação. Se esse foi o gatilho para essa carreira brilhante, há mentiras que vêm para o bem.

Vivian H. Schlesinger é mediadora de clubes de leitura, ministra oficinas de escrita e faz a curadoria de feiras literárias. É poeta (*Papaya na Madrugada*, 2011), tradutora, jurada de concursos literários e colunista do Jornal Rascunho e da Revista da OAB. É maratonista e avó.

2.2 Outro Lugar

Desconhecimento do próximo

Luiz Paulo Faccioli

"Não se pode ignorar o fato de que, quando Picasso dá uma pincelada numa tela, 2 mil anos de história da arte acompanham essa pincelada". A afirmação do escritor e crítico de arte Jacob Klintowitz, feita há alguns anos, é um primor de síntese, dessas que ficam ressoando na cabeça a sugerir caminhos para reflexão; a um só tempo singela e profunda, assemelha-se àquelas fórmulas matemáticas cuja beleza está em resumir com elegância um problema dos mais complexos, de modo a fazê-lo parecer simples. Obviamente, a mesma ideia aplica-se à música, ao teatro, à literatura, estendendo-se até abarcar o ponto que aqui nos interessa: diante de um romance de autor judeu, não se pode ignorar os séculos de história, tradição e cultura desse povo que inevitavelmente acompanham cada um de seus movimentos (as pinceladas a que se refere Klintowitz), ainda que esse arcabouço não seja, à primeira vista, reconhecível.

Como se sabe, a literatura de autoria judaica tem singularidades que a diferenciam de qualquer outra. A principal delas talvez esteja no fato de o judeu ser o povo do êxodo, inobstante suas enraizadas tradições, pois sua rica cultura era levada na memória junto com os poucos objetos sagrados de sua devoção que conseguisse carregar. Pois o judeu esteve por séculos em migração, ora fugindo, ora retornando, ora em busca do que lhe fora prometido, e a literatura contemporânea seguiu refletindo essa errância. A começar no século XX, por um dos maiores escritores judeus, o Nobel Isaac Bashevis Singer, que emigrou da Polônia para a América e trouxe consigo, junto com o iídiche no qual escreveu toda a sua obra, as histórias ouvidas na infância na casa dos pais em Varsóvia, muitas delas originárias do folclore de seu povo. Anos mais tarde, o americano Philip Roth e o israelense Amós Oz, cujas respectivas famílias migraram da Europa; Roth para se tornar o grande cronista da maior comunidade judaica do planeta e Oz, o pacifista que testemunhou e registrou em livro o nascimento do Estado de Israel.

Em *Outro Lugar*, quarto romance da israelense Ayelet Gundar-Goshen, o êxodo vem sugerido já no título. Em Palo Alto, na Califórnia, encontramos a família Shuster muito bem instalada e vivendo com todo o conforto que o dinheiro pode proporcionar. Imigraram por razões de trabalho, mas também para fugir da violência a que estavam constantemente sujeitos em Israel. Michael é um alto executivo numa empresa de tecnologia, enquanto Lilach, sua mulher e narradora da história, passa o tempo entre os cuidados da casa e o trabalho voluntário num residencial para idosos. Adam, filho único do casal nascido na América, se destaca nos estudos numa prestigiosa escola secundária e tem especial interesse por química.

Os Shuster falam hebraico em casa, conversam semanalmente com a família, que continua vivendo em Israel, cultivam amizade com outros judeus na comunidade. Mantêm um pé na América, mas outro, muito firme, segue fincado na terra natal, e talvez seja esta a maior diferença entre eles e seus antepassados imigrantes: eles têm agora para onde voltar. Enquanto isso, a vida para os Shuster corre aparentemente tranquila e serena. Mas Lilach, no fundo, se ressente de ter deixado para trás uma vida acadêmica e produtiva para acompanhar o marido e tornar-se dona de casa em terra estrangeira, um sentimento semelhante ao daqueles pioneiros que migraram da Europa no pós-guerra e foram erguer, da areia do deserto, a pátria dos judeus, tendo de abandonar suas carreiras para virar mão de obra braçal na Terra Prometida. Restam a Lilach o voluntariado e a queixa de que os anglófonos não conseguem pronunciar corretamente seus nomes hebraicos e os americanizam – Lila é como a chamam na América. Já Michael demonstra estar mais bem adaptado e não se importa com esses detalhes que tanto incomodam a mulher.

Adam, cujo nome foi escolhido pela simbologia que traz, mas também porque sua pronúncia não muda de um idioma a outro, é um adolescente reservado e introspectivo, tranca-se no quarto ou na garagem, onde fica seu laboratório de química, não tem amigos nem vida social além do colégio e reclama quando o forçam a sair de casa. Nada em seu comportamento indica que ele tenha um problema maior do que aqueles comuns a muitos jovens nessa fase da vida em qualquer lugar do mundo civilizado. Essas informações, contudo, vão ser entregues aos poucos e somente após Gundar-Goshen resumir, nas sete certeiras frases que compõem sozinhas o primeiro capítulo, o grande conflito da trama:

> Olho para os dedos pequeninos do bebê que acabou de nascer e tento compreender como é possível que eles cresçam para se tornarem os dedos de um assassino. O menino morto chama-se Jamal Jones. Na foto do jornal, os olhos dele são como veludo negro. Meu filho chama-se Adam Shuster. Os olhos dele são da cor do mar de Tel Aviv. Estão dizendo que ele matou Jamal. Mas isso não é verdade...

(Atente-se aqui também para o belo emprego das reticências.)

A vida dos Shuster começa a se desestabilizar um pouco antes da morte de Jamal Jones quando, na véspera de Rosh Hashaná, um homem armado de facão invade uma sinagoga reformista na pacata Palo Alto, mata uma jovem e fere mais quatro pessoas. Dias antes, em Pittsburgh, outro homem havia usado um fuzil semiautomático para abater dez pessoas que rezavam numa sinagoga. São claras as evidências de que o antissemitismo deixou de ser apenas retórico e passou a fazer vítimas no coração da maior democracia do planeta. Lilach se apavora ao imaginar que a violência gratuita contra sua gente esteja apenas no começo e a família possa vir a se tornar alvo do terrorismo. Ela não é a única na comunidade a pensar em como resistir a novos atentados e descobre que estão promovendo uma oficina de defesa pessoal para adolescentes. Adam, num primeiro momento, rechaça a novidade que a mãe lhe apresenta. Depois de alguma insistência e espelhando-se no exemplo dos atléticos primos de Israel que estão em visita à família, o jovem franzino, que nunca antes havia demonstrado nenhum interesse ou aptidão para esportes ou atividades físicas, aceita por fim ingressar na oficina e revelará um inusitado gosto pela novidade.

Ex-integrante da Sayeret Matkal, a elite do Exército de Israel, Uri Ziv é quem conduz a oficina de três encontros. Ziv oferece também um curso mais avançado para os que desejam continuar o treinamento e que reunirá uns dez garotos, entre os quais está Adam, cada vez mais envolvido com a atividade e principalmente com seu instrutor. Depois que Jamal Jones morre numa festa que Adam não queria ter comparecido, Ziv oferece ajuda aos Shuster para afastar o filho de qualquer envolvimento com o episódio. Michael, que também havia servido na Sayeret Matkal, se identifica imediatamente com Ziv, entende sua preocupação e aceita de bom grado o que Lilach, ao contrário do marido, recebe com muita desconfiança.

Aos atentados e à mudança no comportamento de Adam, soma-se agora a morte de Jamal Jones, provocando em Lilach uma aflição descrita magistralmente em poucas páginas no início do romance. A intuição lhe diz que algo, que ela não consegue ainda vislumbrar, está muito errado nesse quadro. Tudo o que a *yiddishe mame* pensava saber sobre o único filho começa a se esboroar à medida que Lilach se inteira de fatos sobre os quais não tinha a menor ideia. Adam vinha sofrendo *bullying* na escola e seu agressor era justamente Jamal Jones. Após sua morte, Lilach se aproxima de Anabella Jones, a mãe do rapaz, para tentar descobrir o que de fato acontecera entre ele e o filho e encontra um problema ainda maior do que poderia ter imaginado.

Entra em cena outro personagem importante na história: o racismo. Depois de sofrer nas mãos de Jamal Jones, Adam Shuster não apenas se torna o principal suspeito de tê-lo matado como o suposto crime ganha conotações racistas. "O judeu matou um negro americano" consegue sintetizar — e simplificar

— todo o drama que experimentam o jovem e sua família, subitamente confrontados com uma situação que nunca esperavam viver no lugar em que escolheram para morar. Mas Lilach não usa de meias palavras nem se vale da hipocrisia ao seguir seu instinto na defesa do filho:

> Jamal Jones. Seu rosto, Jamal, é bom, mas seu tamanho é ameaçador. (...) À noite, na rua, eu teria medo de você. Não me deteria para dar uma espiada em seus olhos, que agora, na foto do jornal, me parecem gentis e agradáveis. Provavelmente apressaria meus passos, a mão no bolso para me certificar de que o telefone estaria lá, para o caso de precisar dele. Atravessaria para o lado iluminado da rua e esperaria até que sua silhueta - de um rapaz negro de ombros largos - passasse por mim e desaparecesse na próxima curva.

Nesse ponto, o leitor se pergunta onde vai levar o que falta ser contado até a página final, pois parece que os elementos todos já estão sobre a mesa e há muito livro ainda pela frente. No entanto, e no ritmo de um *thriller* psicológico verossímil e muito bem urdido, Gundar-Goshen quebra a todo instante a cronologia da história para conseguir o melhor efeito possível de revelações e reviravoltas surpreendentes numa trama que é, ao mesmo tempo, simples e cheia de sutilezas, que se adensa paulatinamente pelo acréscimo de novos elementos - e é inevitável pensar aqui, outra vez, na precisa definição de Klintowitz.

Essa fuga da ordem cronológica é uma tendência bem contemporânea. Não se trata apenas de usar recursos como o *flashback* e os clássicos inícios *in finis res* ou *in medias res* (este último, inclusive, usado para abrir o romance, como já se ilustrou), todos eles há décadas explorados pela literatura, em especial pelo gênero policial. A novidade agora é uma narrativa que vai e volta sobre a linha temporal ao sabor da emoção do narrador. Lilach narra como se recordasse sua experiência na batida do que vai sentindo sobre o que viveu em cada momento e não se preocupa em organizar a sequência de fatos para o leitor porque o rico subtexto independe dessa organização. Por outro lado, tudo o que estava latente e pertencia apenas à intuição da protagonista vai aos poucos se revelando real em toda sua crueza. Isso acontece, repita-se, sem que a cronologia da narrativa coincida com a cronologia dos fatos, o que cria um efeito dos mais interessantes. Aliás, grande parte do suspense da obra é sustentada por esse efeito.

Desnecessário seria dizer que tal exercício requer um grande esforço do narrador para que a história não se perca em seus próprios meandros. Dito de outra forma: tomar um entrecho relativamente simples, como já se falou, desmembrá-lo e reorganizá-lo desse modo nada convencional e conseguir que, ainda assim, ele sobreviva íntegro e original requer um total domínio sobre o que se deseja contar, algo que Gundar-Goshen demonstra sobejamente desde o primeiro parágrafo. Mais do que isso, poucos autores da atualidade podem se orgulhar de ter tal perícia. Talvez o fato de Gundar-Goshen ser mestre em Psicologia possa explicar a facilidade com que ela entra no universo interior de sua protagonista e faz o que quer com sua memória. Ou talvez essa habilidade tenha outro nome: intuição.

Outro Lugar é uma obra que trata não só de um êxodo contemporâneo e particular, mas também de diferenças. Por maiores que sejam hoje as semelhanças entre países e povos, notadamente numa época em que as grandes potências mundiais se aliam por interesses e nivelam comportamentos sociais, certas singularidades se mantêm intactas, ainda que possam estar adormecidas. E elas vêm à tona e impõem-se com inequívoca potência, para o bem e para o mal, sempre que a antiga ameaça desponta no horizonte, desestruturando um modo de vida, mas resgatando outro, secular, que nunca, jamais se perderá.

Luiz Paulo Faccioli é escritor, músico e resenhista de literatura. Autor dos contos de Trocando em Miúdos, Elepê e Primeira Pessoa, *do romance* Estudo das Teclas Pretas *e da novela infantojuvenil* Cida, a Gata Maravilha.

Ayelet Gundar-Goshen nasceu em Israel em 1982. Mestre em psicologia clínica, já teve roteiros premiados em diversos festivais internacionais. Dela, a Todavia publicou Uma Noite, Markovitch *(2018),* Despertar os Leões *(2020)* e Outro Lugar *(2022).*

3. Ayelet Tsabari

3.1 The Art Of Leaving

Imigração iemenita e a busca da identidade

Leniza Kautz Menda

> Na verdade, eu realmente não queria abandonar a minha família, embora não soubesse como viver sem uma data de iminente partida; não conseguia compreender a natureza da rotina. É humano sonhar com a partida. Os homens fazem isso todo o tempo. Muitos dos meus amigos foram criados com pais ausentes. Os homens têm a sua jornada de heróis, eles sempre estão na estrada. Mas isso não ocorre com as mulheres. Nem com as mães. As mães permanecem.
>
> TSABARI, 2019

Esse trecho, do livro *The Art of Leaving*, da escritora Ayelet Tsabari, é mote da narrativa de caráter confessional. A protagonista Ayelet expressa a necessidade intrínseca de partir, de não criar raízes e nem de se estabelecer de modo duradouro num local específico. Sua experiência de vida é muito rica e multifacetada. Nas caminhadas nômades, conhece pessoas de diferentes nacionalidades e etnias; ela, portanto, adquire uma experiência vital, enriquecedora, que a auxilia em sua futura carreira de escritora bem-sucedida e na construção de sua identidade.

Ayelet é originária de uma família de iemenitas que imigraram para Israel na década de 1930. Os avós de Ayelet chegaram do Iêmen em 1935 e estabeleceram-se numa vila ao leste de Petach Tikva, junto com outras famílias do Iêmen. Nos primeiros anos na Terra Prometida, mantiveram o estilo de vida iemenita: moravam numa cabana feita com tijolos de barro secos pelo sol e misturados com palha que o avô erguera em seu lote.

Os iemenitas, judeus *mizrahim*, eram retratados na literatura hebraica com características árabes estereotipadas. Esse grupo étnico era representado de forma orientalista:

> Dos iemenitas, pensava-se que fossem trabalhadores da terra "naturais" e, portanto, foram empregados nos assentamentos agrícolas criados por imigrantes europeus, em substituição aos trabalhadores árabes. Imaginava-se que eles fossem descendentes das dez tribos perdidas, figuras exóticas, lendárias, pertencentes à cultura beduína, totalmente assimilados aos árabes, tanto em sua língua quanto em sua cultura e aparência. (KRAUSZ)

Como viviam os judeus iemenitas em seu país de origem? Por intermédio dos relatos da avó de Ayelet, percebe-se que as mulheres tinham um *status* inferior em relação aos homens, os quais podiam ser poligâmicos. Geralmente, as moças se casavam na pré-adolescência e reproduziam o estilo de vida de suas mães e avós nos cuidados com o lar e na procriação. Às meninas era vedado o direito ao estudo, à escrita e à leitura; elas nem sequer podiam rezar. A condição feminina era a de total submissão aos pais, irmãos e maridos. Entre as mulheres, havia um temor quanto aos decretos draconianos, pois poderiam ser confiscadas por autoridades e convertidas ao Islã.

A maioria dos judeus iemenitas possuía amuletos para espantar o mau-olhado e eram arraigados a superstições que levaram consigo para o país que os recebeu, tal como ocorre quando Ayelet que, ao chegar em casa após visitar seu pai no hospital, descalça os sapatos e os deixa com as solas para cima - imediatamente os desvira porque se lembrara da crença da avó iemenita segundo a qual as solas sujas eram um insulto a Deus e uma prática de mau-olhado. Dotados de várias formas, os amuletos e superstições refletem a crença comum nos poderes apotropaicos.

Quando chegam à Terra Prometida, os iemenitas também são considerados cidadãos de segunda classe e desempenham profissões subalternas, geralmente de faxineiros ou serviçais em restaurantes. Muitas garotas *mizrahim*, entre elas as iemenitas, eram consideradas mulheres vulgares pelo modo como andavam balançando o corpo, com unhas compridas pintadas e o vestuário composto por trajes diferentes dos convencionais da população branca e *ashkenazi* de Israel. Os garotos diziam que elas eram "quentes na cama": havia estereótipos que incluíam colocar grãos de milho nas vaginas das mulheres para vê-los pipocar. As *frehas*, como eram chamadas as mulheres iemenitas, eram vítimas de preconceitos de diversas espécies, o que as impedia de ascender profissionalmente, de serem valorizadas como pessoas de bem.

A música iemenita era pouco tocada nas rádios israelenses uma vez que era preterida em benefício das canções de origem *ashkenazi*. Entretanto, houve uma cantora que se tornou famosa,

Ofra Haza, com a qual Ayelet se identificava em suas pretensões juvenis de ser uma cantora tão importante quanto ela:

> Sem uma identidade iemenita desenvolvida, eu sabia o suficiente para ter orgulho de Ofra. A jovem cantora do Ha'Tikva Quarter - um bairro empobrecido ao sul de Tel Aviv -, a mais nova de uma família de nove filhos de imigrantes iemenitas - era a minha Cinderela e uma das poucas cantoras que penetraram no coração do cânone israelense. As origens humildes de Ofra me deram esperança porque eu queria ser uma cantora e artista exatamente como ela.

A chegada dos judeus iemenitas a Israel passou por momentos difíceis e eivados de preconceitos e discriminações. A avó (*savta*, em hebraico) de Ayelet conta que eram chamados de selvagens, com suas inúmeras mulheres e filhos, sua falta de modos à mesa e as noções supersticiosas relativas a demônios e espíritos malévolos. As tradições iemenitas eram motivo de zombaria e escárnio por parte da população israelense e até mesmo pelas autoridades do Estado:

Na carta de 1950 ao Chefe de Gabinete Yigael Yadin, o Primeiro-Ministro de Israel, David Ben-Gurion, referiu-se aos imigrantes iemenitas como primitivos, "ignorantes até mesmo em relação a suas necessidades básicas de higiene" (...) E, em 1909, um artigo na primeira página do jornal HaTzi, demonstrava que os judeus iemenitas eram desprovidos de cultura e poesia, vivendo num estado de selvageria e barbárie.

A discriminação em relação aos imigrantes iemenitas se faz sentir nos currículos escolares, visto que a menção a essa etnia está presente de um modo muito restrito nos livros didáticos. Quase não havia referência aos autores oriundos dos países árabes nem aos palestinos, como se fossem seres invisíveis na cultura do Oriente Médio. Aliado ao descaso relativo a esses grupos de imigrantes, encontra-se o fato de que os antepassados, como a avó de Ayelet, mantinham um manto de silêncio em torno do seu passado, em parte, porque queriam se integrar mais rapidamente à sociedade israelense ou porque temessem que as novas gerações rejeitassem a sua história. Muitos desejavam se afastar de sua história diaspórica na aspiração de buscar a sua própria identidade.

A busca da identidade e a sensação de pertencimento e não pertencimento vão acompanhar a personagem em suas andanças pelo mundo. Como descendente de iemenitas, Ayelet pensava que encontraria estabilidade e segurança em Israel, o que se revelou um engano, visto que ali se defrontaram com inúmeras guerras e um clima tenso e belicoso, tal como se percebe no desabafo de Ayelet:

> De volta para casa, a vida é só complicações. A Segunda Intifada já se faz sentir há dois anos e meio. Homens-bomba explodem ônibus, cafés e restaurantes. A tensão é implacável, como um zumbido onipresente. Tento não ouvir as notícias nem ler os jornais, mas a "situação" - o suave eufemismo que os israelenses usam para o conflito - está em toda parte, um arame farpado enrolado na vida cotidiana. Cada decisão que você toma, encontrar um amigo num café, pegar um determinado caminho para casa, pode ser fatal. Andamos pelas ruas da cidade nos encarando; engolimos nossos cappuccinos e refeições com os olhos grudados na porta dianteira. Nunca nos sentamos perto de

> janelas grandes, nunca cochilamos nos ônibus. Interrompemos conversas com conhecidos, não paramos para descansar em bancos ou cheirar as flores uma vez que um alvo em movimento é difícil de acertar. É cansativo.

Para a protagonista Ayelet, a sensação de pertencer é algo muito frágil e delicado tendo em vista o panorama de vulnerabilidade e de insegurança predominante em Israel. A ameaça contínua da perda de vidas humanas talvez tenha sido um dos fatores pelos quais a protagonista adotara um modo de vida não convencional. Ela se torna uma andarilha: deixa o lar paterno em busca de sua liberdade. Passa a se vestir como hippie com vestidos coloridos, calças jeans, pantalonas boca de sino, batas indianas – apego a culturas distantes do mundo massificado e corrompido pela guerra e pela sociedade de consumo. Ela adota um estilo de vida nômade e boêmio que corresponderia aos seus sonhos românticos. Vive imersa no mundo das drogas, como a maconha, dormindo ao relento ou sob o teto de amigos, trabalhando em restaurantes ou fazendo bicos aqui e ali para garantir um sustento mínimo. Em suas viagens pela Índia, Tailândia e inúmeros países da América do Sul, ela se encontra com pessoas de diferentes etnias e nacionalidades, o que lhe possibilita ver o mundo sob diversos prismas.

O momento da virada, com a decisão de vagar pelo mundo, ocorreu após a morte de seu pai, vítima de um ataque cardíaco. Ayelet nutria grande paixão pela figura paterna que a incentivara a escrever. A perda do pai, quando a sua identidade ainda estava entrelaçada com a dele, provocou na menina uma sensação de deslocamento e exílio; definitivamente, foi a perda do seu chão. A morte do pai, portanto, representou uma divisão entre o passado idílico de Ayelet na casa paterna e o futuro ameaçador e imprevisível:

> Aquele momento, cristalizado na minha memória através da névoa da dor, será a bifurcação na estrada onde o meu futuro se divide: o que poderia ter acontecido se ele tivesse ficado vivo e o que aconteceu com a sua morte. À medida que vou crescendo, tentarei viver de um modo tão selvagem e espalhafatoso para superar a dor desse momento ou para diminuí-la.

No período em que Ayelet se engaja no Exército Israelense, ela pôde notar de perto a discriminação contra os judeus provindos dos países orientais. Nesta fase de sua vida, a jovem demonstra atitude crítica a essa instituição militar, pois é designada para serviços subalternos e posições inferiores - ela exerce a função de porteiro ou de cuidadora das cancelas. As tarefas subservientes resultam dos preconceitos por sua condição feminina e de mizrachi: ela não tinha uma imagem adequada para representar as Forças de Defesa de Israel já que seu modo de vestir e o seu baixo nível cultural não condiziam com os requisitos esperados pelos brancos *ashkenazim* ditos cultos e civilizados. Para ser secretária de alto escalão, ela necessitaria ser magra, linda e, preferencialmente, loura, porque esse era o padrão exigido pelas Forças de Defesa Israelenses. O cargo máximo que ela atingiu foi o de secretária em uma base administrativa do exército no qual desempenhava tarefas burocráticas que não se adaptavam ao seu temperamento rebelde e alvoroçado.

Desde a sua criação, em 1948, Israel nunca tivera um primeiro-ministro mizrachi; somente três chefes do alto escalão eram provenientes dos países orientais, sendo que um deles atingira essa posição somente após 36 anos da criação do Estado. Assim, é notório que os cargos mais baixos e degradantes do Exército eram ocupados por zeladores, motoristas, escriturários de intendentes e sentinelas de origem mizrachi.

A rebeldia da protagonista e o seu desejo de fugir da realidade se aprofundam no momento em que ela decide rejeitar a sua condição de orientalista. Ayelet despreza a música dos países árabes e de seu próprio país e cita, com admiração, autores da cultura ocidental, entre eles Lorca e Tchekov. Ela muda o seu modo de vestir e, devido a essa mudança, muitas vezes perguntam a ela se morava num *kibutz* ou em um moshav, importantes bastiões na vida israelense, o que lhe deixava extremamente orgulhosa, engrandecida e vaidosa. Além disso, nas conversas com diversas pessoas, ostentava um vocabulário imponente a fim de impressioná-las, exibindo a sua cultura.

Em sua longa vivência no exterior, Ayelet convive com pessoas de diferentes etnias e classes sociais que não adivinham sua nacionalidade. Muitas pensam que ela é marroquina, indiana, persa, espanhola, turca ou brasileira, em razão de seus traços faciais maleáveis. Na verdade, na ânsia de "pertencer", o fato de ser considerada cidadã do mundo a deixa bastante envaidecida, mas também vacilante. Há, pois, um preconceito arraigado a respeito de sua identidade. Ayelet encontra dois jovens falando em árabe e se dá conta de que o idioma era o mesmo de seus avós, originários do Iêmen. Sempre tivera resistência em aprender árabe na escola em Israel, pois associava a língua ao inimigo, preterindo a própria herança cultural: "Foi a primeira vez que me deparei com meu próprio preconceito, meu medo profundo. Não tinha ideia do quanto estava arraigado".

Entre partidas de Israel e voltas ao País, Ayelet vai descobrindo a sua identidade. O encontro com o futuro marido, Sean, no Canadá, proporciona segurança a ela, uma vez que a união se dá em bases sólidas. Ele a incentiva, assim como a figura paterna o fizera, a escrever em inglês, língua em que ela conseguia se expressar de forma convincente. A maternidade também é um fator determinante em sua maturidade e na descoberta de suas origens.

Ayelet inicia filmagens com a avó com o intuito de conhecer mais profundamente o seu passado no Iêmen e conectar-se com suas raízes. A jovem toma conhecimento das "canções das mulheres", poesias que faziam parte da tradição literária iemenita. As composições poéticas eram de caráter oral e compostas e cantadas em árabe pelas mulheres do Iêmen. A protagonista valoriza essas composições que eram entoadas durante as festividades, aniversários ou na realização das tarefas domésticas e artesanais. Ayelet preza e enaltece os poemas em que as antepassadas abrem os corações e expõem as feridas, lamentam a juventude perdida, casam-se ainda na infância e se queixam da situação subalterna que a poligamia lhes impõe. Essas canções, memorizadas e passadas de mãe para filha por gerações, constituíam uma forma de protesto, uma poesia de dissidência, mas, infelizmente, esquecidas quando da chegada dos imigrantes iemenitas a Israel. Portanto, ao se inteirar de que aquela importante e rica tradição literária estava sendo perdida ou anulada, Ayelet sente necessidade de recuperar o passado das mulheres de sua família.

Além da literatura oral, marca importante na construção identitária de um país, Ayelet passa a valorizar a saborosa culinária do seu lar em Israel, sobretudo a culinária iemenita com a diversidade de ingredientes e o uso de especiarias fortes. Sabemos que as festas e as comidas típicas são fatores representativos da cultura de quaisquer imigrantes. Os alimentos expressam uma profusão de crenças e valores, além de serem um modo pelo qual falamos de nós próprios. Nesse sentido, ao lembrar-

-se da saborosa comida caseira – o *Ugat Shmarim*, em hebraico (bolo de fermento), a salada picada no tradicional café da manhã, os *tzlis* (torradas) e a sopa iemenita –, Ayelet retorna ao aconchegante lar.

A peregrina, chamada de Tartaruga pelos amigos, pois sempre carregava sua casa consigo e nunca sabia aonde iria parar, reencontra o aconchego do lar israelense. Ela descobre que a verdadeira liberdade talvez não esteja ao partir: "Partir, eu descobri, não cura o meu deslocamento, mas, ao contrário, o reforça". A protagonista teve perdas e ganhos durante suas peregrinações pelo mundo; ao inteirar-se, no entanto, das suas origens, pôde encontrar a paz interior, reconectando-se à identidade perdida ou esquecida de seus antepassados. À medida que teve variadas experiências ao longo de suas peregrinações, a protagonista mudou os seus gostos e o modo de ver o mundo. As ricas experiências por que passou não erradicaram a aprendizagem adquirida anteriormente. A essência humana e tudo o que a tocou ao longo da vida nunca foram esquecidas. Por intermédio da escrita, Ayelet conseguiu registrar a busca e o encontro de sua identidade iemenita e a imensa riqueza interior dos imigrantes do Iêmen que se defrontaram com a discriminação em um longo e árduo processo de adaptação à Terra Prometida.

3.2 The Best Place on Earth

Universalidade de grupos minoritários

> Tamar amava e odiava Jerusalém: uma cidade reivindicada para sempre, dividida para sempre, nunca em paz. Mas havia algo mais em Jerusalém não noticiado nos meios de comunicação- o fato de ser uma cidade linda. Sentia que, de tempos em tempos, a cidade era verdadeiramente mágica, o centro de tudo, especialmente como no pôr-do-sol, quando o sol refletia carmesim e ouro na pedra calcárea, o Domo da Rocha erguido como âmbar raro no meio da cidade ou quando as ruas eram bloqueadas para o Shabat e tudo cheirava a comida caseira: parecia o lugar mais pacífico do mundo, o melhor lugar da Terra.
>
> TSABARI

O trecho supracitado, do conto *The Best Place on Earth*, reflete as ambiguidades dos personagens em relação a Israel: um misto de amor e ódio; um desejo permanente de fugir da realidade da guerra, do caos inerente aos ataques dos homens-bomba e do lançamento dos mísseis nos diversos confrontos bélicos e o anseio de voltar ao berço materno, à pátria tão almejada durante anos de exílio.

Em um dos contos do livro *The Poets in the Kitchen Window* (*Os Poetas na Janela da Cozinha*, em tradução livre), o personagem Uri se defronta com a Guerra do Iraque, a qual é noticiada cotidianamente na televisão: ele sabia que as pessoas deveriam usar máscaras de gás, sabia que as pessoas estavam em abrigos e que soldados haviam morrido. No subúrbio em que morava, entretanto, afastado da fronteira, ele poderia se manter distante e indiferente aos conflitos. O rapaz se refugia na escrita de poesia estimulado pela irmã que percebe sua sensibilidade. Em suas composições poéticas, Uri manifesta sua revolta com a discriminação e com a inexistência de poetas *mizrachim* nos meios literários. Ele mesmo sente a segregação e se imagina como um soldado *ashkenazi*, de pele mais branca e olhos azuis, como era retratado nos livros de história. Assim, a poesia constituía um lenitivo para suas dores interiores e frustrações.

O enredo do conto *Brit Milah* ressalta o conflito de gerações. A mãe, Reuma Hamami, demonstra indignação e perplexidade ao constatar que a filha estava se afastando dos costumes iemenitas. O conflito entre as duas ocorre quando a mãe vai visitá-la no Canadá para conhecer o neto que havia nascido. Ofra, a filha, se desviara dos padrões familiares; ela era uma mulher de temperamento forte, mas incompetente nas lides culinárias, casara-se aos 38 anos, na prefeitura da cidade, já grávida. Aquele ato chocara Reuma, que havia sonhado com uma família unida e tradicional à moda iemenita.

A contenda entre mãe e filha recrudesce quando Reuma constata que o neto não fora circuncidado, o que era completamente repudiado nos meios judaicos mais tradicionais. A mãe não aceitava que um menino judeu não fosse circuncidado, embora a filha não fosse religiosa. Reuma se sente muito ferida em seus princípios morais, pois desejava, acima de tudo, manter o *status quo*. No final, há uma relativa aceitação por parte de Reuma que observa, nos traços físicos do neto, a semelhança com o avô morto. Desse modo, mesmo não aceitando os argumentos da filha, ela sente que haveria uma continuidade familiar, o que ameniza a sua revolta e indignação pelo descontinuidade da tradição.

No conto *Invisible*, acompanhamos o drama de Rosalyn, uma filipina que cuida de uma senhora idosa, a *savta* (avó). Ambas são invisíveis na sociedade israelense: *savta* é praticamente abandonada na velhice, pois os filhos raramente a visitavam; Rosalyn, por sua vez, é uma imigrante ilegal que fugira do Iêmen visto que as autoridades impunham que se convertesse ao Islã. A moça percorre o deserto, a pé, até chegar a Israel, onde, além de exercer uma tarefa subalterna, sente o perigo de ser deportada. Ayelet Tsabari, por meio da imagem metafórica, retrata uma realidade cruel e desumana quando Rosalyn está na iminência de ser deportada:

> Ela fechou os olhos e desejou desaparecer. Ela ouviu o oficial do exército se deslocando com suas botas triturando as pedrinhas, falando no *walkie talkie* e sentiu que seu corpo se apequenava à medida que sua respiração diminuía. Ela se tornou invisível e desapareceu.

Os contos de Ayelet contêm imagens literárias e constituem denúncia da opressão e da discriminação sofrida por grupos minoritários na sociedade israelense. O leitor sensível, por sua vez, se sente impelido a se identificar com as dores alheias e a torná-las, dentro do possível, menos cruéis. A empatia torna o mundo melhor.

Ayelet Tsabari nasceu em Israel numa família numerosa de imigrantes iemenitas. Depois de servir no Exército Israelense, viajou pelo sul da Ásia e pelos Estados Unidos. Atualmente mora em Tel Aviv. Ela leciona escrita criativa na Universidade de Tel Aviv e em outros países. Também trabalha como fotógrafa e jornalista. O livro The Best Place on Earth *ganhou o Prêmio Sami Rohr e foi considerado um dos melhores livros pelo Kirkus Reviews.*

4. Ayelet Waldman

4.1 Amor e Memória

Papel da memória ao longo do tempo

Leniza Kautz Menda

> Um deslumbrante medalhão e três homens: um capitão da infantaria americano, um israelense negociador de obras de arte roubadas pelos nazistas, um psiquiatra pioneiro de Budapeste dos fins do século XIX, cujas vidas pacatas são viradas de cabeça para baixo por três mulheres fortes e independentes.
>
> WALDMAN, 2014

Neste belo romance da escritora israelense Ayelet Waldman, a memória é um elemento primordial para a reconstituição dos acontecimentos marcantes na vida dos personagens e dos fatos históricos.

A ação se inicia no Maine, nos Estados Unidos, quando Natalie, em meio a uma crise conjugal, visita o avô Jack Wiseman, que estava com câncer no pâncreas em estado terminal. A jovem recebe do avô um medalhão, dentro de um saquinho de veludo, contendo uma pintura esmaltada de um pavão em tons fortes de roxo e verde, com a incumbência de que ela deveria encontrar o dono do pingente, que, segundo as informações de Wiseman, morara em Nagyvárad, na Hungria.

O avô revela à neta detalhes do seu passado quando, de 1945 a 1946, exercia um cargo importante numa unidade do exército americano encarregada de libertar os campos de concentração. Jack era um homem bom e justo, mas se sentia culpado por ter se "apropriado" do medalhão no Trem de Ouro carregado com as joias, casacos de pele e objetos judaicos, entre eles menorás confiscados dos judeus pelos nazistas. Os objetos contidos nos vagões lacrados do trem eram alvo da disputa entre o governo húngaro, os judeus sobreviventes e os corruptos militares húngaros. O medalhão fora surrupiado como presente para o seu amor, Ilona, pois estava identificado com a origem de Nagyvárad, a mesma aldeia da qual ela provinha.

> Houve um tempo em que o conteúdo daquele saquinho representava uma espécie de obsessão. Agora, o saquinho de veludo era apenas uma das coisas amontoadas nas gavetas da cômoda. Ele gostaria que existisse um meio de ajudar Natalie a entender o caráter frágil, delicado, dos objetos, da memória, até mesmo das emoções diante do tempo e do seu poder devastador...

Natalie desempenha um papel importante no resgate da memória e do valor atribuído ao pingente, pois o medalhão estava diretamente associado ao passado do avô e de sua relação amorosa com Ilona Jakah, sobrevivente do campo de concentração. Ela perdera toda a sua família no campo e ali se defrontara com as piores condições a que um ser humano pode ser submetido: ela tinha os pés feridos porque fora obrigada a usar sapatos de madeira pequenos demais para ela. Sua única esperança era reencontrar Erella, sua irmã, que julgava estar viva.

Ilona, quando Jack a conheceu, e por quem se apaixonou, estava em um campo de refugiados de guerra, desnutrida e desiludida quanto ao futuro:

> Os refugiados, vivendo amontoados, com poucos bens e pouquíssimas fontes legais de renda, sem nada a fazer além de temer o futuro e negociar no mercado negro, sentiam repulsa pelos soldados americanos. Os substitutos faziam piadas sobre tifo e piolhos, enquanto mantinham à distância as crianças desnutridas que perambulavam em torno deles...

O amor de Jack por Ilona serve como alento para a sobrevivência da moça, uma apátrida proibida - assim como centenas de outros sobreviventes - de emigrar para a Palestina; eram, na verdade, seres humanos que perambulavam sem destino em meio aos destroços da guerra. Ela fora vítima do descaso dos cidadãos húngaros que temiam se opor ao nazismo.

A união entre Jack e Ilona não se concretiza, visto que a moça, abatida com a descoberta da morte de Erella, decide ir para a Palestina. Jack tenta demovê-la daquele propósito, alegando que ela, como refugiada, seria um mero instrumento nas mãos dos sionistas que pressionavam a Inglaterra a lhes entregar a Palestina. Ilona, mulher forte e independente, apesar das fragilidades, renuncia ao amor por uma causa maior. Ela também não perdoa Jack por ter confiscado o medalhão do trem, embora ele tivesse as melhores intenções ao dar a joia a ela.

A terceira parte do livro se passa em Budapeste e Israel em 2013, mesmo ano da morte do avô. Nessa época, acontece o encontro entre

Natalie e Amitai, empregado da firma especializada na recuperação e negociação de objetos de arte perdidos durante o Holocausto. A simbiose entre os dois é de fácil compreensão, já que Ilona procura o proprietário do medalhão, ao passo que Amitai se empenha na busca do quadro pintado por Vidor Komlós no qual uma moça posara com um pingente semelhante àquele que Ilona possuía.

Ambos mantêm ou mantiveram relacionamentos amorosos efêmeros. Natalie fora casada pouco menos de um ano e estava em processo de separação, ocorrendo o mesmo com Amitai, que se divorciara. Esse homem sedutor, de elétricos olhos azuis e lábios exuberantes, era um alvo fácil de conquistas esporádicas.

> Mas o que dizer dos encontros de uma noite só? Ele deveria ter escapulido furtivamente da cama dessas mulheres depois de algumas horas de atividade sexual em vez de permitir que o rendez-vous se estendesse, às vezes, até o café da manhã.

Essa fragilidade dos laços humanos poderia ser caracterizada pelo conceito de amor líquido do sociólogo Zygmunt Bauman, desenvolvido para descrever o tipo de relações interpessoais que se estabelecem na pós-modernidade. O pouco tempo de convívio entre parceiros jovens constitui uma prova de que os relacionamentos amorosos são descartáveis.

Apesar das semelhanças no alcance de seus objetivos, Natalie e Amitai têm muitas divergências quanto ao Holocausto. Ela se casara com Daniel, neto de sobreviventes da barbárie e, desde pequena, ficara impressionada ao se deparar com uma foto de um homem que rastejara por baixo da parede de um barracão e morrera antes de conseguir terminar a travessia: "Eu tinha verdadeira obsessão por essa foto. Ficava imaginando por que ele não conseguiu escapar, tão perto que estava de fugir."

Por sua vez, Amitai não se sentia ligado à história do Holocausto: sendo judeu de ascendência síria, sua conexão à matança na Europa não era percebida como pessoal.

> Durante a Segunda Guerra, a França Livre na Síria e no Líbano derrotara o Exército de Vichy e seus aliados nazistas. Enquanto os judeus europeus eram assassinados, os pais de Amitai jogavam futebol com colegas muçulmanos, comiam galinha com damasco, esfihas e biscoitos de tâmaras preparados pelas mães, tias e avós. Rezavam em sinagogas que datavam do século V e estavam, em todos os sentidos, levando a mesma vida que seus ancestrais levavam em Aleppo desde a época dos romanos, praticamente sem perturbação por causa da guerra.

O desprezo de Amitai pelos sobreviventes do Holocausto está aliado ao fato de que, em sua opinião, milhares morreram sem lutar, tendo se dirigido passivamente aos fornos crematórios. Ele os rechaça pela inércia diante do massacre e exalta os pioneiros que foram à Palestina e viveram em condições adversas, drenando os pântanos, enfrentando a malária e o deserto inclemente.

Amitai era filho de judeus *mizrahim* e essa ascendência lhe causava um grande desconforto visto que se sentia inferior aos judeus *ashkenazim*. Ele entra em choque com a realidade que o cerca e com as bases nas quais foi fundado Israel: elite branca, machista, socialista e *ashkenazi*.

Seus pais, imigrantes sírios, quando foram para Israel, moravam no *kibutz* Hakotzer e eram os únicos *mizrahim* entre centenas de *ashkenazim*. Quando criança, queria se integrar à colônia agrícola; mas ao chegar à adolescência, percebeu que era impossível ser igual aos outros jovens. O sofrimento de Amitai se torna maior à medida que percebe a discriminação:

> Não era possível desaparecer, não em um kibutz fundado por imigrantes alemães que tratavam os mizrahim da cidade como pouco instruídos e inclinados à criminalidade, uma espécie de judeus menos cultos e menos inteligentes. Já adolescente, seu sangue fervia diante dos insultos, fossem grandes ou pequenos. Como o apelido dado ao seu irmão, de pele mais escura – Kushi –, cujo equivalente mais próximo em inglês era uma palavra tão ofensiva que americanos brancos e liberais só se referiam a ela pelas iniciais.

Quando Amitai saiu do país, tentando se livrar de preconceitos imputados a ele pela condição de *mizrach*, acredita que poderia ter uma vida mais plena e libertária. Essa crença não se concretiza visto que o lado americano de sua família tinha regras muito rígidas sobre com quem ele poderia se casar.

> Quando Amitai se mudou para Nova York, Jacob Shasho, o patriarca da família, informou-lhe que, como a partir dali seria um judeu sírio do Novo Mundo, teria de obedecer a tais regras. Se resolvesse se casar com alguém de fora daquela comunidade, o Decreto exigiria provas de pureza genealógica remontando a pelo menos três gerações. As regras eram tão rigorosas que conseguiam atingir seu objetivo: o caminho mais fácil para um judeu sírio era se casar com alguém da mesma comunidade. E foi assim que Amitai se casou com Jessica, cuja família também era de Alepo.

O encontro de Amitai com Natalie começa a render frutos no momento em que eles confrontam o medalhão com as fotos escaneadas da biblioteca pública de Nova York. As fotos das mulheres estampadas na joia encontrada por Jack Wiseman remetem ao século XIX quando houve na Hungria, o congresso internacional em prol do voto feminino. O quebra-cabeça começa a ser resolvido quando eles descobrem que as mulheres da foto - Sra. Rózsa Schwimmer e Gizella Weisz - estavam imbuídas de propósitos universais e de vanguarda quanto ao voto feminino.

A organizadora do congresso, Rozsá Schwimmer, era editora da revista feminista húngara e fundadora da Associação Feminina Húngara e do Partido Feminino da Paz. Ela também fora embaixadora da Hungria na Suíça. Em 1921, fugira para os Estados Unidos em consequência das perseguições aos judeus em sua terra natal. Seus arquivos foram doados à Biblioteca Pública de Nova York.

Gizella Weisz era uma anã judia, secretária da Sra. Rozsá Schwimmer na época do Congresso. Essa mulher grande em pensamento e ações, foi uma ativista que reivindicava o sufrágio universal e a melhor distribuição da riqueza incitando o assassinato de Francisco José I (Franz Joseph), Imperador da Áustria e Rei da Hungria. A anã bolchevique é presa e enviada a um campo de concentração onde acaba morrendo com a trupe de músicos e artistas de sua família.

A narrativa retrocede e somos inseridos na Budapeste de 1913, onde nos deparamos com a história de outra mulher forte, sufragista e avançada para os padrões de sua época: Nina. Taxada de neurastênica pelo pai, ele insistira para que ela fosse se tratar com um psicanalista de Budapeste, o Dr. Zobel. Durante o tratamento, as ambições e desejos inconscientes de Nina afloram: ela era uma mulher livre, sem preconceitos, frequentadora de cafés em Budapeste, hábito inusitado nos ambientes dominados pelo público masculino. Ela se recusava a se casar com um homem que não amava, unicamente para atender os interesses pecuniários do pai. Como mulher forte, acreditava que o casamento deveria unir duas pessoas economicamente independentes, pois se opunha a que o matrimônio fosse apenas uma operação de troca envolvendo um dote. A figura paterna é bastante repressora; o pai queria que a filha abandonasse suas ambições e aceitasse o papel de esposa, judia recatada e mãe de família. Além disso, a busca de independência se apoia no desejo de cursar faculdade de Medicina, curso que, até então, era dominado pelos homens.

Ayelet Waldman descreve um universo feminino vibrante, de mulheres independentes e firmes. Ilona recusou o amor para viver na Palestina como pioneira. A anã judia Gizella Weisz é o símbolo da revolucionária que não se cala diante das adversidades; e Nina é uma mulher que luta para fugir dos padrões estabelecidos por uma sociedade preconceituosa e patriarcal. As suas histórias se mesclam à existência do medalhão. Uma narrativa eivada de fatos históricos que nos ajudam a compreender a luta do povo judeu diante das adversidades da Segunda Guerra, o período do nazismo e as manifestações antissemitas ao longo da história.

Ayelet Waldman é uma escritora israelense que mora atualmente em Berkeley, na Califórnia. É autora da coleção de ensaios* Bad Mother: A Chronicle of Maternal Crimes, Minor Calamities and Occasional Moments of Grace, *da série* Mommy-Track Mystery *e dos romances* Red Hook Road, Daughter's Keeper e Love and Other Impossible Pursuits, *o qual deu origem ao filme* As Coisas Impossíveis do Amor, *estrelado por Natalie Portman.

5. Batya Gur

5.1 Literary Murder

Arte e moralidade: reverência à literatura

Leniza Kautz Menda

No romance de Batya Gur, *Literary Murder*, o detetive Michael Ohayon volta à cena com o intuito de desvendar dois assassinatos que ocorreram no Departamento de Língua Hebraica da Universidade Hebraica de Jerusalém. Esse detetive pensativo e intelectual adentra no mundo acadêmico com uma abordagem inovadora.

Dois proeminentes mestres da literatura hebraica, pertencentes ao mesmo meio acadêmico, Saul Tirosh e Iddo Dudai, são assassinados quase simultaneamente. Seria uma simples coincidência? Ambos são tidos como excelentes profissionais, especialmente o primeiro, chefe do Departamento que sobrevivera à ocupação nazista em Praga, local de residência anterior à vinda para Jerusalém.

Tirosh era uma sumidade intelectual, tudo o que produzia era de excelente nível e vivia rodeado de livros e discos de música clássica. Todo esse aparato intelectual despertava inveja. A imagem que os colegas tinham de Tirosh estava longe de ser unânime.

> Muitas pessoas gostariam de vê-lo morto. Ele atormentava certos alunos e tinha casos com mulheres; humilhava seus maridos, os poetas e os escritores. Portanto, era natural que inúmeras pessoas ficariam felizes em vê-lo morto.
>
> (...)
>
> Eu não posso explicar, mas houve ocasiões em que estive sozinha com ele em seu escritório e começamos a conversar. Parecia que ele estava interessado em mim. Senti que algo especial estava ocorrendo comigo: ele, o professor eminente e pacato estava falando comigo, uma simples estudante, mas naquele instante me senti como uma mulher de verdade (...) E, ao mesmo tempo, tinha a impressão que estava assistindo a um filme, um filme que já tinha visto. Ele disse que, na sua idade, questionava se tinha amigos verdadeiros e discorreu sobre a solidão humana em geral, citando um poema de Natan Zach no qual o poeta falava sobre a catástrofe da solidão para o ser humano. Quando ele falou sobre os amigos verdadeiros, me senti atraída por ele. Ele era muito atraente, mas pressentia que algo terrível poderia ocorrer caso eu tentasse consolá-lo.

Portanto, não há uma imagem única do professor. Seria alguém solitário, digno de pena, ou um elemento nocivo para a sociedade em seu papel de macho galanteador? Corriam boatos de que Tirosh mantivera um relacionamento com Ruchama, a esposa de Shai, outro professor do Departamento de Língua Hebraica. Talvez Ruchama quisesse matá-lo quando se inteirou de que ele a deixara para ficar com a mulher de Iddo Dudai.

Tirosh também fora casado com uma jovem que conhecera em seu ano sabático no Canadá. Ela engravidara, mas o professor a obrigara a fazer um aborto que a impediria de engravidar novamente. A jovem também poderia ser uma suspeita do assassinato cuja motivação seria se vingar de Tirosh.

Entretanto, talvez a chave do mistério que envolvia a morte de Iddo Dudai, vítima de um sufocamento por gás tóxico quando praticava mergulho em Eilat, e de Tirosh fosse as profundas divergências literárias entre ambos. Saul escrevia poesias de cunho político ligadas à ideologia partidária, ao passo que Dudai escrevia poemas de caráter lírico. Iddo atacava Tirosh por suas convicções políticas. Ambos travavam verdadeiras batalhas literárias como se suas palavras pudessem mudar a face da literatura em Israel.

Tirosh tinha uma atitude misógina, pois menosprezava os trabalhos literários das mulheres. Além disso, era uma pessoa extremamente prepotente. Dono de um magazine literário chamado *Directory*, a ele cabia a palavra final quanto ao que seria publicado. Essa atitude onipotente era muito prejudicial a escritores que tinham bons trabalhos, mas eram preteridos em benefício de outros detentores de artigos mais superficiais e sem muito valor literário. Sem dúvida, Tirosh era um crítico feroz, impiedoso com aqueles que não se ajustavam ou não se adequavam aos seus padrões estéticos. Assim, ele angariava muitos inimigos que teriam motivos justificáveis para assassiná-lo. Entre seus inimigos, estava Shulamit. Tirosh se recusava a promovê-la porque considerava sua obra de caráter popular, sem apelo acadêmico nenhum. Outro colega de profissão que poderia ter ciúmes da carreira profissional de Tirosh era Klein, que venerava as qualidades do professor erudito. Segundo Klein, Tirosh representava uma rara combinação de um eminente erudito, um crítico da poesia contemporânea com uma rara compreensão da literatura e um grande poeta.

Michael, o detetive encarregado de desvendar o mistério da morte dos professores, é um ignorante em assuntos literários e, na tentativa de obter uma compreensão maior da literatura, matricula-se em um curso sobre o tema. A partir de então, começa a perceber a essência da literatura:

> (...) os assuntos que preocupam os artistas são sempre os mesmos; eles nunca mudam. Você já se perguntou em que eles consistem? Sobre amor, sexo, morte e o significado da vida; a luta do homem contra o seu destino, contra a sociedade, as relações do homem com a natureza e com Deus. O que mais? (...) A grandeza da arte reside na possibilidade de lidar com esses tópicos que são comuns a toda a humanidade sob diferentes pontos de vista. (...) O "talento" poético é a habilidade de alcançar o equilíbrio, o que é raro, entre o original e o familiar, o escondido e o revelado, o símbolo e o objeto a ser simbolizado.

A compreensão da essência da boa literatura auxilia Michael no desvendamento das mortes de Iddo e Tirosh. O detetive descobre que Tirosh fora um usurpador das ideias alheias; ele roubara os poemas de Ferber e os adaptara para a própria realidade. Temos aí o desvendamento de um assassinato literário e a descoberta de uma fraude. Michael descobre os verdadeiros assassinos que perambulavam pelo Departamento de Literatura da Universidade Hebraica: Tirosh matara Iddo por este ter revelado a fraude que ele, Tirosh, representava; e Tuvia Shai, cujo objetivo de vida era a salvação da arte literária, matou Tirosh. Em uma fita cassete que Iddo descobrira, um poeta chamado Zinger está declamando alguns dos supostos poemas de Tirosh. Zinger dizia palavras e nomes que o "criminoso" havia modificado e adaptado para o cenário local. As árvores de abetos de Ferber foram traduzidas por pinheiros e os lobos receberam a denominação de chacais: uma tradução errônea, falsa e fora de contexto.

Michael, o detetive, tinha a obrigação de trazer a verdade à tona - este fora o pedido de Iddo:

> Eu prometi a ele que a verdade seria revelada, não apenas para fazer jus a Ferber quanto para o bem da arte. Durante muitas horas, li a introdução que Shaul fizera para os poemas de Ferber. De repente, tudo me pareceu extremamente desprezível. Me questionei como alguém poderia levar a sério coisas como aquelas. Mentir e enganar e roubar, e com que propósito? Acho que o assassinato é uma questão ínfima diante daquilo que ele fizera. Realmente, não tenho nenhum remorso.

A narrativa policial de Batya Gur é muito bem estruturada, pois mantém o suspense e apresenta um ponto de vista diversificado quanto ao valor literário de uma obra artística. Batya exalta o amor à literatura como uma expressão autêntica do ser humano, uma forma de nos situarmos no mundo e de nos tornarmos seres melhores.

Batya Gur foi uma escritora israelense. Nasceu em Tel Aviv em 1947 e faleceu em 2005. Sua especialidade era a ficção policial. Recebeu o Prêmio do Primeiro-Ministro por obras literárias em hebraico. Em 1998, ela começou a escrever uma série de livros em que dava destaque ao detetive policial Michael Ohayon. Seus romances exploram a mente humana em detrimento à morte do corpo.

6. Dorit Rabinyan

6.1 Noivas Persas

Sociedade patriarcal e preservação da honra

Leniza Kautz Menda

> Nessa noite Flora teve apetites de melancia. Tinha começado a chorar à tardinha, sentada com Nazie na cozinha, cada vez mais obesa e com lágrimas mais grossas que nunca. Nessa altura, porém, não chorava pela melancia, mas sim pelo marido. Nazie, impaciente com tanto choro convulsivo, trouxe-lhe o almofadão bordado com cisnes brancos da sala de estar. Flora respirou fundo, assentou as palmas das mãos no chão, levantou o traseiro enorme e com os olhos fez sinal a Nazie para que lhe ajeitasse o almofadão debaixo do dito cujo.
>
> RABINYAN, 1995

Noivas Persas, romance da escritora israelense Dorit Rabinyan, cria a saga familiar da família Ratoryan composta por Miriam, a mãe, o marido e seus três filhos; Mussa, Homa e Flora. Na casa ainda vivem Nazie, menina de 11 anos, órfã de pai e mãe. A avó,

Manijoun, pessoa idosa, é relegada a uma espécie de abandono e vive enclausurada.

A narrativa se passa numa pequena aldeia da Pérsia no início do século XX. Os judeus viviam no bairro que lhes era destinado – a Juderia –, mas conviviam bem com outras etnias como a dos armênios e com os muçulmanos. O bairro era cercado por amendoeiras cujas flores exalavam fragrância especial, vinhedos e plantações de tabaco.

A presença dos judeus na antiga Pérsia, atual Irã, é milenar. A maioria dos judeus vivia em Susa e na província de Pars, especialmente em Shiraz, Luristan e Hamadan. Com o florescimento da civilização persa, percebe-se que os judeus estavam bem integrados na vida do reino; tinham grande influência política e até contavam com a proteção do rei. Durante os primeiros seis séculos do domínio islâmico, os judeus se expandiram consideravelmente visto que exerciam inúmeras profissões importantes como comerciantes, joalheiros, produtores de vinho e banqueiros.

A sociedade retratada em *Noivas Persas* é dominada pelo caráter patriarcal com todas as características associadas a esse tipo de dominação: o machismo, a preservação da virgindade e da honra, o desejo de ter um filho homem, o desprezo pela fêmea, o casamento em função da procriação e a violência doméstica chancelada pela sociedade machista. As mulheres, por sua vez, são rebaixadas desde o nascimento até a morte. O marido de Mahasti, mãe da menina Nazie, demonstra total desrespeito à mulher que não lhe dera filho homem:

> Quando tencionas tu dar-me filhos varões, quando? Que porcaria de barriga a tua, mulher imunda: filhas, um nojo de filhas, é só o que sabes parir (...) Outra mulher, do que eu preciso é de outra mulher, uma mulher de sangue quente, que me dê rapa-

> zes. Uma mulher, julga tu que és? Desgraças, é só desgraças o que me dá o teu sangue gelado. Tu és como a chuva, gelas a minha semente, tu mais essas meninas mortas que te saem da barriga, grande cabra... berrou ele, atirando-lhe pontapés às canelas...

Miriam Hanoum, a matriarca da família, apesar de submissa ao marido e conservadora no sentido de preservar a honra e a virgindade familiar, que "(...) todas as noites, enfiava os dedos nas partes íntimas da menina para comprovar a sua castidade", se recusa, no entanto, a exercer o papel de dona de casa e rejeita as lides domésticas. Assim, adquiriu a fama de porcalhona e a alcunha de *gorbet kasafat* (gata imunda), pois comentavam na aldeia que era mais suja do que as mulheres xiitas que não faziam distinção entre uma lentilha e um escaravelho castanho. Miriam não era vista com bons olhos já que, naquela sociedade preconceituosa e retrógrada, a mulher que não fosse "doméstica", e que fugisse aos padrões impostos, era discriminada.

Miriam, por ter o ciclo menstrual regulado, era invejada pelas mulheres da aldeia - principalmente Fathneh e Sultana. Ambas achavam que Miriam havia dado a sua própria urina ao marido para que ele se apegasse a ela e a engravidasse. Miriam, para espantar o mau olhado, começa a vazar os olhos dos frangos e a embuti-los em prata martelada que pendurava ao pescoço, dela e dos filhos, como amuleto da sorte.

Flora, a filha, "à semelhança de todas as mulheres do lado da mãe, era saudável como um homem e mimada como um bebê". Com 15 anos, ainda era solteira e virgem, fato inaceitável segundo os parâmetros da sociedade patriarcal:

> Trata de casar, Flora, casa-te que já é tempo... - insistiu Fathaneh Delkasht, prevenindo-a de que, na falta de um marido, a sua fenda vermelha iria secando e descorando, até que um dia as bordas se uniriam e a fenda acabaria por fechar e desaparecer.

Ela engravida de Shahin Bozidozi, ladrão de cabras e mercador de tecidos, homem sedutor que inventava ardis e usava a concupiscência para persuadir as clientes a comprarem seus tecidos de baixa qualidade. Esse homem libidinoso engravida Flora e a abandona. A moça engravida numa noite de eclipse de lua, um mau presságio naquele mundo pleno de crendices e superstições. Essa *aguná* se torna chorona e lamurienta. Tem desejo voraz de comer melancia, fruta esta que, segundo a mãe, poderia purificar o seu sangue e livrá-la dos venenos de Shahin e dos demônios que a atormentavam.

Não tendo uma explanação plausível para o desaparecimento de Shahin, a comunidade lança mão de uma série de micções e defumações para trazê-lo de volta. A própria Flora ameaça arrancar os olhos para que a luz brilhasse apenas no coração do amado *azizan*.

Nazie, menina de 11 anos, fora adotada pela família de Miriam após a morte de seus pais. Ela havia nascido no ano de uma epidemia de varíola. Os partos eram difíceis e o ventre das mulheres produzia crianças mortas, amarelas e inchadas. Os bebês nasciam minúsculos como Nazie e tinham pouca chance de sobreviver em razão dos parcos recursos da época. O rabi *mullah* Natanel aconselhou a mãe da menina, Nahasti, a recitar o livro dos Salmos.

Nazie havia sido prometida ao primo Moussa. O casamento, todavia, não podia ser realizado enquanto a garota não menstruasse. Esse interdito, de acordo com as fofoqueiras e maldosas da aldeia, não poderia ser desfeito logo porque, segundo suas crendices, a mãe de Nazie descendia dos Levitas, tribo cujas mulheres tinham a primeira menstruação tardiamente. Nazie, portanto, era vista como *aoundareh* (pobre órfãzinha) que jamais se tornaria *kuchik nadar* (jovem mãe). A observação das mulheres não apresenta nenhuma evidência científica, porém representava um estigma em uma sociedade patriarcal e dirigida à procriação. A menstruação era festejada com o lançamento de pombos-correios, sendo o primeiro passo para o enlace matrimonial.

Na sociedade machista descrita por Dorit Rabinyan, prevalecem a ignorância e a desinformação sobre questões sexuais básicas, tal como fica explícito na cena em que Fathaneh é penetrada pelo umbigo; sua barriga ficara cheia de manchas azuis e roxas, com derrames, já que o marido, responsável pela penetração, desconhecia a existência da vagina. O homem é o detentor do poder e a mulher deve permanecer submissa a fim de não violar os padrões legitimados. A violência física impera no mundo machista e conservador.

Dorit Rabinyan nos apresenta um mundo de cores e sabores citados ao longo da narrativa: o *labash*, por exemplo, que são pimentões cozidos com cebola picada temperados com cominho e açafrão-das-índias, grão de bico e salada de pepinos, couves e rabanetes. A mescla da cultura oriental e a culinária judaica trazem à tona sensações olfativas e gustativas de incomensurável dimensão e nos permitem vislumbrar um mundo em que as diversas etnias podiam conviver de forma harmoniosa.

Os alimentos estão associados a estados de alma: as almôndegas de grão-de-bico com molho de *behs* servidas aos homens são benéficas para os testículos mirrados, além de despertarem os membros preguiçosos. Os marmelos assados estão conectados ao alívio da tristeza do coração. Já a não ingestão da melancia poderia causar terrível marca de nascença caso a grávida fosse privada dessa fruta.

Dorit Rabinyan nasceu de uma família judia emigrada do Irã. Embora a narrativa não esteja ambientada em Israel, o enredo está repleto de menções à vida judaica na antiga Pérsia. Os judeus citados vivem nas juderías de ruelas estreitas e repletas de amendoeiras. A entrada de Shahin na aldeia se dá pela porta sul. Os judeus comemoravam Pessach e o casamento de Flora e Shahin foi celebrado segundo os ritos judaicos numa cerimônia conduzida pelo rabi *mullah* Natanel, com a concessão da *Ketubah*.

Segundo Eliana Langer, Naamá Silver Former e Sara Krengel, *Noivas Persas* é uma narrativa em que os homens se destacam pela força e o machismo, ao passo que as mulheres são lindas, dóceis, prestativas e submissas.

Por um lado, a narrativa está eivada de preconceitos, recorrência a pragas, amuletos, maus agouros, um mundo calcado em superstições e preconceitos. Por outro lado, expõe as fragilidades humanas, a convivência pacífica entre etnias e a diversificação de costumes.

6.2 All The Rivers

Relacionamento amoroso entre judeus e palestinos

All the Rivers foi publicado originalmente com o título de *Border Life*. Foi considerado o livro do ano pelo Jornal *Haaretz*, além de ter recebido o Prêmio Bernstein. Em janeiro de 2016, tornou-se centro de uma polêmica e de um escândalo político por abordar as relações íntimas entre uma jovem israelense e um jovem palestino.

O enredo de *All the Rivers* é constituído de três partes que correspondem, respectivamente, a três estações do ano: outono, inverno e verão.

O encontro entre Liat e Hilmi Nasser acontece no outono, no Café Aquarium, em Nova York. Ela é judia israelense cujos pais iranianos haviam emigrado para Israel na metade dos anos 1960. É tradutora e tem Bacharelado em Literatura Inglesa e Linguística. Está morando em Nova York temporariamente com uma bolsa de estudos da Fulbright. Hilmi Nasser é um jovem palestino que residira em Hebron e, depois, em Ramalah. Sua permanência como pintor na megalópole também era provisória.

Nova York se apresenta como território neutro para ambos os jovens. Lá, não precisavam se envergonhar do relacionamento e nem o esconder de seus pais, os quais jamais o aprovariam. Mesmo na gigantesca cidade, eram vítimas de preconceitos quanto às suas aparências. Liat, devido ao aspecto oriental, apesar de possuir a cidadania israelense, fora investigada por agentes da polícia federal quanto ao lugar em que residia, à sua ocupação em Nova York e aos locais que frequentava. Os agentes a viram no Café Aquarium escrevendo no computador. Pensaram que ela estava escrevendo em árabe, mas era hebraico.

Por sua vez, Hilmi, pintor e professor de árabe, embora falasse o inglês com perfeição, tinha um forte sotaque árabe. Portanto, havia um clima de suspeita quanto aos não nova-iorquinos, o que se acirrara após os atentados de 11 de setembro.

A relação entre Liat e Hilmi se aprofunda durante o inverno. Eles passam a conviver diariamente e mostram-se apaixonados. A união, porém, é sólida apenas na aparência. Entre eles há, muitas vezes, um clima de desconfiança. Liat se lembra da infância quando tinha medo de passar por locais onde estavam trabalhadores árabes vindos dos territórios. Corriam boatos de frequentes sequestros de meninas judias que eram drogadas por eles e obrigadas a se converterem ao Islã. A menina conservava junto ao corpo um alfinete de proteção. Hilmi tinha más recordações do tempo em que fora prisioneiro do Exército Israelense por ter grafitado a bandeira palestina num muro de sua cidade. Na verdade, havia uma atmosfera ambivalente - amor e desconfiança -, empecilho para o convívio íntegro e saudável.

A separação do casal ocorre no verão. Liat volta a Tel Aviv depois de sua estada temporária na cidade americana. Hilmi volta a Ramallah. Ambos se comunicam diariamente por conversas telefônicas. Porém, àquela altura, já temos um prenúncio de desgraça. Hilmi pega uma carona para Tel Aviv em uma estrada isenta de bloqueios pelo Exército Israelense. Desde a mais tenra idade, era fascinado pelo mar de Tel Aviv; fora, no entanto, privado de desfrutá-lo por causa das interdições aos palestinos e pelo fato de não saber nadar.

O romance tem um caráter memorialista. Liat, ao inteirar-se da morte de Hilmi, perde o rumo e é acometida por um desespero profundo. Com muita sensibilidade, no presente da narrativa, ela se coloca no lugar de Hilmi e tenta imaginar seus momentos finais de agonia:

> Vislumbro seu corpo flutuando na água ao sabor da correnteza. As ondulações de tinta azul e roxo avermelhado lentamente desaparecem em todos aqueles azuis, os azuis de nossos rios, os azuis do céu, os azuis a que você dava preferência sobre todas as outras cores. Você flutuava dentro deles -

> os azuis diurnos e os azuis noturnos, os azuis-esverdeados e os azuis acinzentados, os azuis dourados, todos misturados pelos pincéis marinhos gigantes e inundando as infinitas telas líquidas.

Cena de infinita tristeza, descrita de maneira muito sensível pela personagem Liat, especialmente se levarmos em conta a predileção que Hilmi sempre teve pelo azul em seus mais variados tons. Essa simbologia das cores é reiterada ao longo do romance, uma história líquida e passageira de um amor impossível entre dois jovens, divididos por ideologias de povos beligerantes no Oriente Médio.

Mar, rios, cores azuladas e esverdeadas. Tudo flui, tudo líquido. Um amor que não pode ser realizado. Nesse Romeu e Julieta contemporâneo, vislumbram-se várias possiblidades afetivas que, talvez, se houvesse maior empatia entre ambos os povos, pudessem ter um final feliz.

> Todos os rios
> Correm para o mar
> Porém, o mar não está cheio
> Porque todos os rios
> Retornam aos rios
> Podem me acreditar
>
> É o segredo
> De fluxos de maré
> É o segredo
> Da melancolia.
> Avot Yeshurun

Dorit Rabinyan nasceu em 1972, em Kfar-Saba, Israel, filha de uma família judia do Irã. Publicou três romances, dois dos quais foram amplamente traduzidos. Também publicou uma coletânea de poesias e um livro ilustrado de literatura infantil. Escreve para a televisão. O seu primeiro romance, Noivas Persas, *ganhou o* Prêmio *Wingate em 1999. O romance de 2014,* All the Rivers, *ganhou o Prêmio Bernstein.*

7. Emuna Elon

7.1 House Of Endless Waters

O presente e o resgate do passado materno

Leniza Kautz Menda

> E, num grau de devoção ao ponto do autossacrifício, Sonia, a mãe, bloqueara toda e qualquer preocupação que pudesse rachar a delicada concha de sua célula familiar.
>
> ELON, 2016

Esse trecho apresenta a tônica do enredo do livro *House on Endless Waters*, que reflete a vida e o segredo de uma família radicada em Israel pós-Holocausto.

Pertencimento, identidade e família são os temas centrais do romance que tem como personagem o famoso escritor israelense Yoel Blum. O personagem é um judeu praticante que usa *tefilin* e frequenta as sinagogas das localidades onde quer que esteja autografando seus livros.

Yoel reluta em retornar à sua Holanda natal para lançar seu livro porque prometera à mãe que jamais voltaria lá. Mas ela o desobriga do voto, alegando que eram águas passadas. Lá ele descobre a verdade sobre a família, a identidade e as experiências traumáticas da mãe, Sonia, durante a ocupação nazista.

Numa visita ao Museu Judaico de Amsterdã, juntamente com a esposa Bat-Ami, Yoel assiste a um filme antigo em que reconhece a mãe, Nettie, e um bebê no colo de sua mãe que não era ele. Isso o leva a querer saber mais sobre o passado familiar. No fundo, ele nutria um sentimento qualquer de não-pertencimento.

Yoel volta a Amsterdã sozinho, determinado a pesquisar os detalhes do romance que achava estar destinado a escrever. Perambula pela cidade visitando museus, parques e pelas mesmas ruas por que sua mãe passara na Segunda Guerra.

O leitor viaja com Yoel. À medida que ele desenrola os fios do passado, temos um livro dentro do livro. Emuna Elon lança mão da metalinguagem com bons resultados. "Yoel, sendo uma alma sensível, ganharia confiança para contar a história, iria juntar o emaranhado de fios quebrados e tecê-los formando uma grande tapeçaria".

A água é usada como metáfora de forma recorrente no curso da narrativa e como o ponto de convergência entre o presente e o passado. As águas se infiltram através dos buracos dos diques, podendo "afundar" os personagens na medida em que a ocupação nazista se intensifica. Aos poucos, Yoel repassa as etapas dolorosas que integraram a vida dos judeus: a proibição de exercerem cargos públicos, a ordem de usar uma estrela amarela sobre a roupa, a exibição de um J na carteira de identidade; a extinção dos nomes de judeus da cena cultural; a proibição de ir a concertos. "Quando Sonia saiu do Conselho Judaico sem a bicicleta, o céu não era o mesmo céu e a terra não era a mesma terra. Ela afundava no lodo". Yoel se coloca no lugar da mãe quando criança e sente uma angústia no peito ao reconstituir o momento da perda da bicicleta: "A mãe, Sonia, sonhava que estava dentro de um túnel estreito, sentindo a escuridão, mas incapaz de encontrar a saída. Ela chorava e chorava".

Os judeus de Amsterdã sentiam-se seguros ali, mas tudo fora ilusão. Yoel agora que se sente inseguro no perímetro urbano:

> O medo de Yoel vinha de uma memória coletiva judaica. Ele sentia que estava sendo acompanhado pelas almas atormentadas que ainda habitavam as ruas de Amsterdã, as almas perseguidas naquele lugar, a alma dos que foram torturados e cujos pedidos não foram ouvidos, das hordas de judeus que estavam ali com ele e que não estavam mais, mas cujas dores pairavam ali.

Escrever o ajuda na reconstituição dos sentimentos que permeavam o cotidiano sob a ocupação:

> Ele se senta e escreve, tentando, com toda garra, achar palavras para o impossível de ser dito, procurando letras para compor as palavras, mas vendo somente uma montanha gigante de óculos espalhados uns sobre os outros, óculos de todos os tamanhos, óculos com armações de várias cores e vários formatos, óculos de homens, óculos de mulheres, óculos de crianças (...)

Paulatinamente, Yoel descobre que milhares de crianças judias foram entregues a famílias cristãs que as salvaram da morte, escondendo-as. "Ir debaixo da água" era o termo usado pelas organizações clandestinas que escondiam as crianças judias no seio das famílias cristãs. Inúmeras daquelas crianças jamais voltariam ao convívio dos pais biológicos e se adaptavam aos novos lares cristãos. No jargão da clandestinidade, "endereço" significava um lugar secreto em que as crianças, incluídos os bebês, ficavam a salvo dos nazistas.

As crianças eram consideradas seres improdutivos e podiam ser sacrificadas. Mas havia pessoas como Walter Suskind, o diretor do teatro judeu de Amsterdã que, ao tomar conhecimento de que os judeus seriam aglomerados ali antes de ser transportados para o Leste, tenta salvar o maior número possível de crianças, alocando-as a casas de famílias cristãs. Perguntava aos pais se estavam de acordo, o que representava um grande dilema para eles. Embora muitos se recusassem a entregar os filhos, outros intuíam que seria a única forma de salvá-los. Essa é uma história real, que, mesmo na Holanda, só agora vem sendo debatida.

A autora incorpora os fatos ao drama dos personagens e eles sofrem com as sequelas emocionais deixadas nos sobreviventes: "Todos eles vinham de casas que, até aquela manhã, eram as suas casas, de uma vida que, até aquela manhã, era a sua vida". Os pais não podiam mais se esconder com os filhos. Na Holanda, 2500 crianças foram escondidas em lares cristãos, sem que os pais tenham sobrevivido à Guerra. E assim os pais adotivos eram considerados os pais verdadeiros. Quando Sonia se viu perdida, teve de recorrer ao amigo Martin para que escondesse seu pequenino Yoel. A partir dessa decisão, ela se torna uma mulher taciturna, insensível e incapaz de estabelecer vínculos afetivos.

Grande parte dos judeus holandeses tinha orgulho de pertencer à esplêndida nação holandesa; os judeus adaptados ao solo pátrio jamais poderiam imaginar, assim como Sonia, que uma catástrofe se abateria sobre a comunidade judaica enraizada ali.

> Logo o buraco e a água iriam vir à tona, as profundidades novamente cobririam a terra, e a escuridão iria envolvê-la. Somente o Espírito Divino iria pairar sobre a água se ainda houvesse neste mundo um Espírito Divino.

O romance não se limita a descrever os horrores do Holocausto, e sim também a expor as consequências do sofrimento nos personagens. Em Israel, Sonia se negava a falar do passado escondendo do filho a identidade. Yoel morrera no campo de concentração juntamente com Martin e Anouk. Sebastian, o bebê, filho do casal, foi entregue a Sonia e, em Israel, ela trocou o nome do filho para Yoel Blum, um nome judaico. Ela poderia ter entregado Sebastian (o futuro Yoel Blum) aos parentes de seus pais, mas não o fizera. Ela optou por criá-lo como se fosse seu filho, morto durante o Holocausto. Portanto, Yoel crescera na ignorância de sua verdadeira identidade. Nessa jornada de autodescoberta, percebe-se que os traumas do passado de Sonia tiveram um reflexo profundo na vida do adulto Yoel.

Após uma longa estada em Amsterdã, Yoel consegue reunir os dados necessários para escrever o seu mais precioso livro, o livro que contava sua infância e a descoberta de sua verdadeira identidade. No início, Yoel não achava que o passado fosse fundamental na obra de um escritor; ele pensava, assim como sua mãe, que o tempo pretérito se esvaíra, sendo desnecessário trazê-lo ao presente – o tempo passado era como a água que flui, ela que não deixa marca e nem pode curar as cicatrizes. Yoel entendia que a sua literatura deveria evocar o presente e o futuro, sem dar bolas para o passado. Seus personagens estavam conectados à realidade israelense, mas o autor procurava criar histórias em que eles representassem o homem, o homem que ama e o homem que sofre. Ao desvendar o segredo de sua existência e descobrir a sua identidade, ele renasce e resplandece.

Não podemos julgar os personagens nem emitir um juízo de valor sobre suas decisões ao longo do romance. Sonia tentou salvar o filho que nascera do próprio ventre, mas escondera a verdade de Sebastian ao mascarar a sua identidade. O neto de Yoel acusa a avó de ter escondido o segredo do avô. Martin e Anouk entregam o filho biológico para ser salvo por Sonia. Será que agiram corretamente? Nettie, a irmã de Yoel, ocultara a verdade do irmão. Ela agiu de modo correto? Emuna Elon nos brinda com um belo romance em que vida e morte se cruzam sob uma perspectiva humana e universal.

Emuna Elon nasceu em 1955 em Jerusalém, é jornalista e ativista dos direitos humanos. Cresceu lá e em Nova York e morou vários anos no assentamento de Beit El. Emuna significa fé. De 1991 a 2005, escreveu uma coluna no Yedioth Ahronoth, o maior jornal de Israel, em que pregava a separação entre Judaísmo e política. If You Awaken Love *foi seu primeiro romance traduzido para o inglês.*

8. Gail Hareven

8.1 Lies, First Person - Desestruturação familiar

Leniza Kautz Menda

> Esse homem, esse Hitler, Primeira Pessoa, despedaçou a vida da minha irmã e destruiu nossa pequena família disfuncional. Mas as famílias disfuncionais também têm o direito de existir e aquela era a única que eu tinha. Ele chegou e destruiu a vida da minha irmã Elisheva (...)
> Nós deveríamos ter dito a ele para se comportar de modo diferente com ela. Aquele foi, aparentemente, nosso pecado, pois não dissemos nada para ele.
> HAREVEN, 2015

Lies, First Person é um livro instigante que hipnotiza o leitor numa mescla de ficção e realidade. A história se inicia no presente da narradora, Elinor Brandeis. Sob seu ponto de vista, sua vida é um verdadeiro Jardim do Éden, o qual, segundo a tradição judaico-cristã, é também chamado de Paraíso, tal como descrito no livro bíblico Gênesis.

Elinor tem uma situação financeira confortável, um marido bem-sucedido profissionalmente e dois filhos - Nimrod e Yachin - que moram nos Estados Unidos. Ela escreve uma coluna semanal em que a protagonista se chama Alice e é representada como uma pessoa real nascida no Alasca e radicada no bairro de Nahaloth, em Jerusalém. Alice, o alter ego de Elinor, é uma repórter que frequentava lugares reais em busca de aventuras e fatos entremeados de fantasia. Assim, segundo Alice, as bordadeiras de cortinas do Patriarcado Armênio cantavam como anjos durante o labor diário. E será que a sopa verde servida no Mister Soup havia realmente sido servida ao Rei do Marrocos? Os seus textos, embora remetam a acontecimentos, estão repletos de fantasia e inverdades. Assim, a mistura de fantasia e realidade serve como lenitivo para as dores ocultas de Elinor. No fundo, apesar da aparente tranquilidade, há segredos que a atormentam, que a impedem de ser feliz.

A narrativa se inicia num *Shabat.* A atmosfera do lar está impregnada de elementos sensoriais como o sabor do vinho na boca de Elinor e a brisa que envolve e embala as folhas do quintal. O clima de aparente paz foi quebrado quando o marido recebeu uma chamada telefônica anunciando que Aaron Gotthilf, tio de Elinor, viria a Jerusalém para proferir uma palestra na universidade.

Gotthilf era a encarnação de Satanás, segundo Elinor. Para entendermos a situação, temos de nos reportar à infância da protagonista e a de sua irmã. Essa figura diabólica associada à serpente do Paraíso se imiscuiu na vida familiar das garotas e causou um mal terrível que deixou traumas profundos em cada integrante do clã.

A infância das jovens transcorrera numa pequena pensão, de propriedade dos pais de Elinor, no bairro de Beit Hakerem. Aparentemente, era uma família tranquila, apesar dos problemas de saúde da mãe e da insatisfação paterna com a vida em Jerusalém. O amor materno não se manifestava com veemência porque havia um distanciamento entre mãe e filhas. Já o pai as tratava como princesas e procurava provê-las com o vestuário necessário adquirindo-o nas lojas da instituição filantrópica WIZO.

Nessa época, o acadêmico bem-sucedido esteve em Jerusalém e hospedou-se na pensão da família com o intuito de escrever um livro intitulado *Hitler, First Person*. Durante sua permanência na pensão, a serpente diabólica abusa sexualmente da irmã de Elisheva. A partir desse episódio traumático, o núcleo familiar se desmantela: o pai abandona o lar, a mãe se suicida com ingestão de remédios e as meninas se distanciam. O segredo não é revelado e, certamente, permaneceu como fonte de sofrimento para todos.

Quando chegam à vida adulta, as irmãs adotam posições divergentes em relação ao abuso sexual praticado pelo tio. Elisheva está casada e mora nos Estados Unidos. Ela havia encontrado a paz espiritual ao se converter ao catolicismo. Em sua devoção a Deus, a personagem adulta encontra forças para perdoar o tio e reconciliar-se com o pai. Elisheva passara por uma experiência traumática, mas conseguira voltar ao rebanho após ter se desgarrado. A moça aceita a devoção divina e é protegida por Ele, o que remete à imagem bíblica da figura de Deus como um pastor que protege Suas ovelhas.

Por sua vez, Elinor se indigna com a alegria e a paradoxal estabilidade emocional da irmã:

> A minha irmã o havia perdoado, porém eu permanecia sozinha na prisão do não-perdão com o cheiro azedo do não-homem (...) Minha irmã havia convivido com a Sombra do Vale da Morte, e por isso estava em paz consigo mesma.

A personagem narradora, entretanto, não consegue curar a alma nem o corpo uma vez que se recusava ao prazer sexual e vivia atormentada por seus fantasmas interiores.

Em uma tentativa de compreender o crime do tio e encontrar, na pessoa do ficcionista, o germe do mal, a narradora mergulha no livro escrito por Aaron Gotthilf. Porém, contrariamente aos seus prognósticos, ela não teve sucesso em vislumbrar algum vestígio representativo da personalidade dele que pudesse explicar a origem do mal que ele causou a Elisheva.

Em seu livro *Hitler, First Person*, Aaron deu voz ao monstro na tentativa de justificar as suas ações de extrema crueldade. Ele confessa que queria sondar as profundezas da alma de Hitler: "A fim de entender as obras do personagem satânico e desumano, você deve entendê-lo através de ações. E isso significa que, praticando as suas atrocidades, ele mesmo teria encarnado o mal".

Aaron, o narrador em primeira pessoa do romance, se arrepende e pede perdão ao mundo acadêmico bem como aos círculos judaicos que o haviam rechaçado. Esse álibi impede que Elinor o denuncie e revele a verdadeira face da serpente.

A mistura de ficção e realidade instiga e choca o leitor. Teria Elinor encontrado elementos na personalidade do tio cuja escrita pudesse justificar o crime sexual cometido contra Elisheva? Teria o autor se identificado com Hitler a ponto de cometer um ato tão cruel?

A perplexidade assola o leitor a ponto de duvidarmos da sinceridade de uma narrativa em primeira pessoa. O ato de escrever seria um disfarce para justificar o mal, visto que Aaron escreve sobre o maligno Hitler?

O livro se torna tragicômico quando Elinor imagina várias tentativas de acabar com a vida do tio. Afinal ela precisava vingar o ato praticado por esse homem a quem ela coisifica chamando-o de "não homem".

Após o "desaparecimento" da serpente, a vida de Elinor Brandeis volta à normalidade. A cena final da paz trazida pelo *Shabat*, semelhante à cena introdutória do livro, elucida o momento de calmaria e amor simples e puro existentes no Jardim do Éden:

> O Jardim do Éden. Um tempo de Shabat abençoado com um cheiro de figo maduro e a videira estendendo-se ao nosso redor. O Jardim do Éden. O presente é o único tempo que existe. O Jardim do Éden. Meu corpo está presente em si mesmo e no Jardim, e meu corpo é a verdade, e tudo em mim é único; aqui eu estou e, depois daqui, não há mais nada.

The Confessions of Noa Weber é uma narrativa que une o drama individual ao coletivo de Israel, um país que luta pela sua sobrevivência em meio ao caos bélico, às mudanças de uma comunidade enraizada no socialismo e da sociedade contemporânea.

Noa Weber, a personagem central do livro, é uma escritora reconhecida e uma feminista de sucesso. Em seus romances, ela cria Nina Woolf, espécie de alter ego da narradora, uma advogada defensora dos direitos humanos e de causas humanistas como o combate à pilhagem das terras palestinas, os direitos das crianças, o assédio sexual no Exército Israelense, a luta feminista e casos de incesto. Essa personagem de Noa era alvo de críticas por parte de literatos uma vez que não a consideravam uma heroína feminista, mas um macho disfarçado de mulher. Toda essa crítica era bastante procedente se considerarmos a época em que se passa a ação do livro, em meados dos anos 1970, em Jerusalém.

Nina Woolf representa um momento importante na vida de Noa uma vez que, com aquela personagem, Noa se torna uma mulher de "opinião", como as pessoas costumavam denominar qualquer mulher que tivesse um posicionamento sobre os fatos socioeconômicos do contexto israelense. Por intermédio de Nina, Noa foi induzida a ler e a escrever, o que, de certa forma, a transformou numa mulher empoderada: "Ela nasceu da voz de uma fantasia infantil, mas, a partir do momento em que encontrou seu rumo, ela me transformou naquilo que as pessoas chamam de uma voz".

A vida de Noa está intrinsecamente ligada ao amor obsessivo que nutre por Alek. O casamento entre os dois resultou de um conluio para que a moça se liberasse do Exército Israelense, pelo qual ela tinha verdadeira ojeriza em razão do tratamento dado aos palestinos. A relação tóxica do casal estava na raiz do sentimento de abandono dos pais dela e de sua opção por morar no *kibutz*. Nessa organização socialista, os filhos não dormem na casa paterna; a criança Noa, portanto, se sentia insegura e desamparada. Esses sentimentos infantis impregnados em sua personalidade, certamente foram cruciais no relacionamento entre ela e Alek.

Quando ela engravida, aos 17 anos, em plena adolescência, Alek sugere que faça um aborto, mas Noa se recusa porque ter o filho talvez fosse uma forma de prender o amante a ela. Várias possibilidades de mudar o rumo de sua vida estavam em jogo. A jovem tinha livre arbítrio:

> Eu poderia ter voltado à casa dos pais, poderia ter ido morar no kibutz com a avó Dora, pioneira no Estado de Israel, poderia ter buscado a ajuda de um psicólogo que poderia ter me ajudado a desamarrar o nó. Poderia ter optado por inúmeros

> caminhos, mas o problema, claro, é que eu simplesmente não podia. Quer dizer, do ponto de vista químico, não havia possibilidade de eu me desapegar dele. Assim como não havia possibilidade de eu mudar minha alma ou me despedaçar. Eu o amava. Em outras palavras, ele havia se infiltrado nas minhas profundezas e se espalhado através de minhas células e mudado o meu ser. Não era o "meu" amor. Não pertencia a mim, eu pertencia a ele e era guiada por ele. Eu não sei.

Noa desenvolve uma espécie de paranoia, pois está sempre à espera de Alek que a abandonava em suas viagens à França e à Rússia; ele tem filhos de outros relacionamentos; ela, no entanto, cria fantasias de segui-lo até Heidelberg ou outra cidade onde ela simularia uma queda na rua para que ele ficasse sabendo e pudesse salvá-la. Noa se enxerga morta próximo à Igreja do Santo Sepulcro a fim de que Alek a encontrasse como vítima de um amor dilacerado: "Eu tinha essas visões, não de um verdadeiro suicídio, mas de caminhar e me perder no caminho até ele, me perder até chegar à sua porta, pois, assim, talvez, ele me deixasse entrar".

A narrativa vai do passado ao presente, nem sempre em ordem cronológica. Os acontecimentos na vida de Noa são entrelaçados pela situação social e política de Israel, o ambiente belicoso, o repúdio ao Exército, a indignação quanto aos direitos dos palestinos, a guerra no Líbano e os massacres ocorridos em Sabra e Shatila durante o governo de Menachem Begin, além dos fatos ocorridos na Rússia, país de origem de Alek. Em meio a esse panorama coletivo, emerge o relacionamento amoroso e sexual de Noa e Alek. A jovem, já adulta, tenta dissecar a sua alma a fim de se livrar da obsessão compulsiva pelo imigrante.

A autoconfissão implica a dúvida: será que realmente Noa quer transformar esse amor irracional em um ato sublime e transcendental? "Nem mesmo se eles vierem buscar a minha alma, eles não serão capazes de tirá-la de mim", assim se pronuncia a narradora na última página do livro. Como se estivesse no confessionário, numa busca dolorosa de compreender o cerne de sua relação amorosa, Noa faz um balanço dos seus pecados, mas recusa a absolvição. O amor excessivo, muitas vezes, é considerado uma doença progressiva. Por amar demais, muitas mulheres tiveram suas vidas destruídas ou se tornaram viciadas ou dependentes. Será que Noa conseguiu encontrar a paz retirando o *dybuk* que se infiltrou em seu corpo e alma? Será que ela de fato se sentiu prejudicada ao amar Alek com tanto ardor? Até que ponto o pai ausente de Noa teve responsabilidade na carência afetiva da filha? Noa seria uma feminista a ponto de aceitar o amor livre sem o compromisso matrimonial? E Alek, até que ponto ele ama Noa visto que não assume a condição de seu marido nem pai da filha de ambos?

Gail Hareven é uma escritora israelense nascida em Jerusalém. Sua obra literária inclui romances, coletâneas de contos e livros infantis. Estudou na Universidade Ben-Gurion do Negev. Em 2002, ganhou o Prêmio Sapir de Literatura por* The Confessions of Noa Weber *sobre a luta entre a ideologia feminista e a necessidade de amor e de espiritualidade. O livro foi o primeiro a ser traduzido para o inglês, tendo obtido o melhor prêmio pela tradução do hebraico para o inglês cuja tradutora foi Dalya Bilu. Seu livro* Lies, First Person *foi publicado em 2015.

9. Judith Katzir

9.1 Dearest Anne

História de um amor impossível

Leniza Kautz Menda

> Carrego dentro de mim, por vinte e cinco anos, o segredo de minha fraqueza e o segredo de minha força e agora posso permitir que a jovem mulher que você foi e a garota que eu fui possam descansar para sempre entre as dobras do tempo que nenhum relojoeiro e nenhum escritor jamais poderão reparar.
>
> KATZIR, 2004

A história é narrada sob o ponto de vista de Rivi Shenhar, a protagonista já adulta que, por meio de quatro diários dirigidos a Anne Frank sob o nome de sua velha e nova amiga, Kitty, rememora a sua vida familiar e amorosa, bem como a relação sexual que teve com sua professora, Michaela Berg. O enterro de Michaela na cidade de Haifa é o ponto de partida para a recuperação da memória do passado e o resgate dos diários que estavam enterrados no subsolo de sua casa de infância serve de estímulo e força propulsora para a recordação e elaboração dos sentimentos escondidos no fundo de sua alma.

O título *Dearest Anne* se refere à decisão de Judith Katzir de modelar o diário de Rivi Shenhar conforme o de Anne Frank; Anne Frank, no entanto, escreve para um leitor imaginário, ao passo que Rivi escreve para a pessoa histórica Anne cuja vida ficou conhecida mundialmente por intermédio das traduções de seu diário mundo a fora. Ambos os diários são autobiografias confiáveis uma vez que são escritos em tempo real, revelando os sentimentos mais sinceros e autênticos.

O estímulo inicial para a escrita dos diários partiu da professora de literatura, pois ela solicitara a leitura do diário de Anne Frank e a redação de uma pequena carta dirigida a ela; a melhor carta seria lida na cerimônia do Dia do Holocausto. Rivi mergulha na leitura do diário e, a partir de sua identificação com Anne, ambas adolescentes, se propõe a escrever sobre si mesma de forma honesta, sem embelezar a realidade, trazendo à tona seus mais recônditos segredos. Muitas vezes ela se consola ao se conscientizar de que a vida de Anne havia sido muito mais terrível que a sua.

Nesse *Bildungsroman* ou romance de formação, deparamo-nos com a construção da identidade psicológica e moral da personagem-narradora Rivi a partir de fatos marcantes ocorridos em sua infância, adolescência e, até mesmo, na vida adulta. Portanto, a história se desenvolve a partir do olhar e da interioridade da personagem central.

Um dos temas mais pungentes abordados por Rivi nos diários foi o sofrimento com a separação dos pais e a extrema solidão a que foi exposta por ocasião do divórcio de seus progenitores:

> Fui ao quarto deles e fechei a porta, deitei na cama e me cobri com o lençol de baixo. Tremia dos pés à cabeça e me enrolei como um feto com minhas mãos entre as coxas para me aquecer. Nunca havia imaginado que eles pudessem se separar e eu tivesse que escolher com qual dos dois eu iria ficar, ninguém havia me perguntado nada. Tentei vislumbrar os sinais que anteriormente me recusara a ver e percebi que já se faziam notar há muito tempo porque o clima entre eles era tão frágil e quebradiço como o vidro.

A mãe a ignorava por dias sem fim, não lhe respondia quando ela lhe perguntava algo, o que desencadeava choro e um sentimento de culpa em virtude de coisas pelas quais ela não se sentia responsável. De modo semelhante aos filmes de Woody Allen, Rivi pensava que sua vida era caracterizada pela solidão, sofrimento, miséria e penar.

A carência afetiva da menina, preterida pelos irmãos, aos poucos é suprida pelo encontro com Michaela, a professora de literatura de 27 anos. Ambas estão irmanadas pela admiração aos livros. A mestra representa o ideal que a menina-narradora almeja, de escritora ou poeta. Assim, o relacionamento evolui de uma forma progressiva; inicia-se com um enlevo e continua com relações carnais cada vez mais ousadas e prazerosas:

> Eu gostei de Michaela desde a primeira vez que a vi no início do ano escolar. Ela entrou na sala de aula com passos deslizantes, plena de uma aura de luz, com o livro de chamada embaixo do braço (...) Ela tinha uma voz adorável, profunda e calorosa, como o som aveludado de um violoncelo. Fiquei boquiaberta quando Michaela leu um poema

> de Leah Goldberg, o qual versava sobre um raro momento da vida que passa e a impossibilidade de capturá-lo. (...)
>
> Eu pensei em suas palavras, em como ela se revelava nelas e também em seus olhos, em seus movimentos e seus sorrisos e sua voz e soube que nunca, em toda a minha vida, eu jamais amaria alguém do modo como eu a amava. (...)
>
> Se eu escrevesse uma carta para Michaela, seria a exposição da verdade - que eu acordava ao seu lado todas as manhãs e pensava nela a cada minuto do dia e sonhava com ela à noite e a admirava e amava mais do que ela poderia imaginar - eu não poderia escrever isso porque ela ficaria assustada.

À medida que se conhecem, os laços afetivos e físicos entre elas adquirem uma intensidade maior. O amor platônico e contemplativo se transforma numa relação carnal e o desejo físico vem à tona:

> Ela continuou segurando a minha mão na sua, sorrindo para mim e, subitamente, dirigiu seus lábios à minha testa num beijo prolongado, quente e delicado, um beijo sincero. (...)
>
> A mulher sussurra, você não sabe o quanto é bonita. Num átimo, a menina a abraça com toda força. Os olhos da mulher se abrem tanto que a menina sente medo de que eles possam sugá-la. A mulher segura o rosto da menina com suas mãos e experimenta a sua boca (...) As mãos da menina apalpam a pele por baixo do suéter no anseio de sentir a respiração úmida. O coração da menina sobe até

> sua garganta e bate e bate. Não há nada estranho nisso. Somente algo novo e surpreendente, como se fosse uma pessoa cega cujos olhos tivessem se aberto para ver.

A primeira relação sexual entre aluna e professora pode chocar o leitor pela diferença de idade e pela relação considerada pecaminosa entre as duas. O prazer resultante as leva ao delírio e ao gozo. No entanto, a crueza é suavizada pelas metáforas profusas. Michaela menciona que ambas estão entrelaçadas como um pão de *Shabat* (algo gostoso e não imoral), como uma *chalá*, e Rivi concorda afirmando que as duas se assemelham a dois fetos, que ambas parecem ter renascido. O que prevalece é o amor, aqui comparado a uma pessoa que abre a porta, pega-nos pela mão e nos leva para dentro.

Dahn Ben Amotz, amigo de Michaela, jornalista e dramaturgo cujo pensamento se centra na liberdade ampla, é o avalista da relação que se instaura. Segundo ele, as pessoas podem fazer o que quiserem, inclusive orgias e uso de drogas. Cada um é o seu juiz supremo e ninguém tem o direito de julgar. Esse pensamento anticonvencional se ajusta ao pensamento de Rivi segundo o qual suas experiências deveriam ser diversificadas para que, só então, ela pudesse se definir sexualmente. Como Rivi não tivera nenhuma experiência prévia com rapazes, ela pensa que estava destinada a ser lésbica. A jovem concorda com Virgínia Wolf quando a escritora faz menção à alma andrógina a que não se deve renunciar, pois a riqueza da humanidade consiste na aceitação das experiências diversas.

Nos diários que Rivi escreve dirigindo-se a Anne Frank, ela confessa que, se escrevesse uma história, esta seria intitulada *O Amor entre a Montanha e o Mar*. Michaela seria a montanha, a sua montanha mágica (*Berg* é montanha em alemão), com seus olhos castanhos calorosos e a terra e os troncos das árvores, e Anne seria o oceano que é azul acinzentado como seus olhos atormentados e como a sua alma. A montanha desliza para o mar e o mar sobe a montanha. O mar ama a montanha e a montanha ama o mar. Eles se realizam ao se tocarem.

A experimentação homossexual da jovem adolescente e o prazer advindo da relação com Michaela jamais poderiam ser aceitos pela mãe de Rivi, uma pessoa preconceituosa em relação aos boêmios e aos homossexuais de Tel Aviv, aos quais se refere como o "lixo" da sociedade, pessoas que vivem em função do sexo e das drogas. A mãe de Rivi tem rejeição semelhante aos ultraortodoxos, a quem se refere como os "cossacos de Deus", cujo fanatismo é pior do que a dependência às drogas.

Embora Michaela e Rivi mantenham uma relação plena, logo começam as desavenças entre elas. No fundo, a jovem gostaria de dizer à professora que desejava ter uma vida normal como a das outras garotas de sua idade. Ela se sente sufocada pela mestra que tinha facilidade para acessar e moldar o coração maleável da adolescente. Num momento de introspecção, Rivi sente que ama a professora, mas acha que Michaela não era digna dela e só precisava de sua companhia para aplacar a rotina de um casamento sem amor e solitário. Então elas se afastam.

O segredo do relacionamento "pecaminoso" é revelado quando a mãe de Rivi descobre os diários da filha e, em conluio com o diretor da escola, decide pelo afastamento da professora. Tudo conspira contra Michaela que, segundo a moral burguesa e rígida do sistema escolar, era considerada uma pervertida sexual e uma pecadora como os habitantes de Sodoma e Gomorra. Eles coagem a adolescente a denunciar Michaela, mas ela se recusa terminantemente a fazê-lo. Rivi fica indignada e afirma que o que ela escrevera em seus diários era apenas um exercício literário de ficção visto que seu propósito era o de se tornar uma escritora.

A separação entre as duas foi inevitável. Michaela decide pedir demissão da escola para acompanhar o marido a Nova York. Por sua vez, Rivi se dispõe a destruir os diários, embora os tenha escondido, para que não houvesse provas materiais do romance entre elas. A dor lancinante que acomete as personagens corrobora o pensamento de Abrão Slavutzky, expresso no capítulo "A dor da perda", na página 172 do livro *Imaginar o Amanhã*: "Todas as mortes e separações são doloridas. Uma parte da gente se vai ao morrer um amor com quem se teve uma história. Quem parte leva algo de quem fica, leva uma história compartida"

O relacionamento entre as duas teve um poder transformador para Rivi; ela se sentia um patinho feio que se tornara um cisne e tivera a sua autoestima elevada em contato com seu amor - a montanha mágica Michaela. A professora abrira um mundo amplo para a adolescente, ensinando-lhe a amar, a enfrentar suas carências e abandonos, enfim, a viver uma vida plena, sem hipocrisia e livre das convenções sociais. O aprendizado mais importante foi o de que se deve trabalhar arduamente porque o talento representa uma parte ínfima para a conquista de um objetivo. A menina aprendeu que é necessário seguir o coração e estar preparado para pagar os preços, a despeito dos sofrimentos.

A narrativa expõe os preconceitos da sociedade. O relacionamento intenso entre Michaela e Rivi fere cânones:

> (...) o que existe entre nós vai de encontro a todos os seus valores, educação, moralidade, senso comum; para eles, nós não somos o Pequeno Príncipe e a raposa, nem a montanha e o mar, e nem

> criança nem Mishi, amamos uma a outra ardentemente: para eles, não passamos de uma professora e uma aluna.

O romance, quando é um bom romance, está aberto a várias interpretações. Cabe ao leitor desvendá-las e refletir. Sob o ponto de vista de Rivi, o fato decisivo que mudou a sua vida foi uma linda e sofrida história de amor:

> Somente eu sei se fui abusada ou abençoada, ninguém pode julgar, sua própria alma escolhe a história a ser contada, uma história de exploração ou de salvação, e escolhi a história de bênção e salvação, que é, acima de tudo, uma história de amor.

Dearest Anne é, portanto, fina prosa intimista sobre sexo, formação, carências, vida e morte.

Judith Katzir nasceu em Haifa e escreve romances, contos e livros infantis em hebraico. Seus trabalhos foram traduzidos para várias línguas, entre elas, árabe, holandês, inglês, estoniano, alemão, macedônio, polonês, sérvio e português. A maioria de seus romances e histórias explora temas do universo feminino, geralmente da perspectiva das jovens adolescentes. O Holocausto também é um tema recorrente em sua obra.

10. Leigh Bardugo

10.1 Sombra e Ossos

Mundo fantástico

Leniza Kautz Menda

> E o mundo ficou branco. Fechei os olhos quando um fluxo repentino de luz explodiu diante de minha visão. Aquilo parecia preencher minha cabeça, me cegando, me afogando. De algum lugar acima, ouvi um guincho terrível. Senti as garras do volcra se afrouxarem, e o baque quando caí para a frente e minha cabeça entrou em contato com o convés. Então, não senti mais nada.
>
> BARDUGO, 2021

Sombra e Ossos é uma série na Netflix baseada no romance da escritora israelense Leigh Bardugo. A ação do romance se passa num país dividido pela Dobra das Sombras, uma zona extremamente perigosa para aqueles que se aventuram a ultrapassá-la.

Alina e Maly são dois órfãos refugiados de guerra que crescem como irmãos num orfanato em Karamzin. A moça exercia a função de cartógrafa do exército e ele, Maly, era um exímio rastreador.

Na Dobra das Sombras, viviam monstros terríveis, os Volcras, espécie de pássaros com "garras enormes, asas coriáceas e fileiras de dentes afiados para se banquetear em carne humana". Esses seres animalescos tinham o poder de ferir mortalmente as pessoas que se aventuravam a passar por aquele lugar sombrio.

Quando Maly foi ferido de um modo grave por um Volcra, Alina descobre em si poderes excepcionais. Ela consegue invocar o poder da luz e torna-se a Conjuradora do Sol, a única capaz de acabar com a Dobra das Sombras e reunificar Ravka, a cidade dividida. A explosão de chamas era o meio eficaz de exterminar as sombras do mal. Alina é então enviada ao Palácio real para ser treinada pelos Grishas a fim de aprender a lidar com seus novos poderes. Na verdade, ela era uma criatura de carne e osso e se considerava uma simples cartógrafa.

Temos aqui uma personagem desamparada que se torna títere do Grisha mais poderoso de todos, o Darkling. Os sentimentos contraditórios invadem a personagem, pois, ao mesmo tempo que Alina se orgulha do seu poder, também se sente frágil como ser humano:

> A emoção de saber que o meu poder podia ser mesmo real, a excitação de conhecer o Rei e a Rainha e as maravilhas estranhas do Grande e do Pequeno Palácio tinham mantido meu cansaço à deriva, mas agora ele havia voltado e, com ele, um sentimento enorme de solidão.

O Grisha-Mor tenta seduzir Alina, convencendo-a a destruir a Dobra das Sombras. Ele demonstra ser uma pessoa desprezível e enganador visto que, no fundo, não tinha a pretensão de exterminar a Dobra já que fora seu criador. O orgulho e a ânsia de poder são reveladores da sordidez.

Alina é uma personagem cindida; sofre o impasse entre o que era e o que os outros esperavam que fosse:

> Eu sentia falta do ritmo fácil da Tenda dos Documentos, da monotonia reconfortante da minha vida como cartógrafa, quando não esperavam nada de mim além de alguns desenhos e uma mesa de trabalho arrumada. Sentia falta do cheiro familiar de tintas e papel. Mais do que tudo, sentia falta de Maly.

Alina sentia que não fazia parte daquele mundo de magia e encantamento com que se defrontava no palácio real. Ela se sentia diferente visto que o luxo e as benesses concedidas pela corte se chocavam com sua vida pregressa de camponesa. No íntimo, Alina percebia que era um joguete nas mãos de Darkling.

A arte da magia está presente ao longo da narrativa; essa prática, baseada na crença de ser possível influenciar o curso dos acontecimentos, é o princípio que move o Grisha Darkling a matar o cervo branco e retirar seus ossos a fim de amplificar os poderes de Alina. Ele mata o cervo e, ao colocar uma espécie de colar no pescoço da moça, vale-se da intervenção de um atributo simbólico que, supostamente, daria a Alina mais poder para exterminar a Dobra da Sombra.

Leigh Bardugo proporciona aos leitores, tanto ao público jovem como ao adulto, um mundo cheio de magia e fantasia, um mundo que revela as várias facetas do ser humano, um mundo cheio de sonhos, ambições e cobiça, um mundo dominado por seres maus e bons, seres desamparados que buscam a identidade que, em muitos casos, é negada por forças antagônicas e perversas.

Leigh Bardugo é autora de romances e contos de fantasia, mundialmente famosa por sua série GRISHA. *Ela nasceu em Jerusalém, cresceu na Califórnia e formou-se na Universidade de Yale. Atualmente, vive e escreve em Los Angeles.* Nona Casa *foi seu romance de estreia no gênero adulto, trazendo uma história de poder, privilégio, magia e assassinato, ambientada na elite da Ivy League.*

11. Lihi Lapid

11.1 Woman Of Valor

Ilusão do casamento como conto de fadas

Leniza Kautz Menda

No livro *Woman of Valor*, Lihi Lapid trata do tema da maternidade em seu sentido mais amplo bem como das múltiplas implicações da condição feminina em relação ao casamento e aos laços que unem mães e filhos.

Cada capítulo é introduzido por epígrafes com citações de passagens bíblicas. Assim, o primeiro capítulo começa com a menção ao Gênesis; na verdade, o princípio e o fim coincidem, em um processo circular de eterno retorno. Neste capítulo, a princesa protagonista faz um balanço da vida e percebe que a felicidade estava ali, ao alcance da mão, mas ela não soubera captá-la. A maternidade de alguma forma destruíra o seu casamento.

> Estou bem em minha casa vazia e, após tantos anos de anseios por um momento a sós comigo mesma, percebi que odeio esse silêncio. Percebi que estive tão preocupada com a raiva e a tris-

> teza que não me dei conta das coisas boas que me aconteceram. Eu simplesmente as apaguei. Só pude perceber isso nesse momento de claridade.

Lihi narra a banalidade da rotina de milhões de casais. A autora, porém, dá prova de originalidade ao narrar a vida do casal como se fosse um conto de fadas. Os protagonistas são o príncipe, a princesa, o herdeiro e a herdeira. Essa família tradicional vive numa casa hipotecada em forma de castelo. O encontro entre os personagens da fábula ocorreu numa praia deserta num amanhecer qualquer. Portanto, eles não tiveram de atravessar montanhas e rios para estarem juntos, nem assassinar dragões e bruxas ou enfrentar querelas familiares, como na história de Romeu e Julieta. Tudo aconteceu dentro da mais corriqueira normalidade.

E o que a princesa percebeu? Ela se deu conta de que deveria ter separado o que era importante do que era superficial; percebeu que não se pode ter o controle sobre todos e tudo; percebeu que não deveria viver só do passado e nem se preocupar demasiadamente com o futuro; percebeu que o aqui e agora eram o que importava e que deveria desfrutar dos bons momentos; percebeu que a felicidade não era algo que brotava do nada; percebeu que perdera momentos felizes; percebeu que havia arruinado o casamento e que se tornara uma pessoa rude, incapaz de sorrir e levar a vida com humor.

O casamento, paulatinamente, transforma-se num fardo. Aos poucos, o casal começa a sentir que precisa ter um filho porque o relógio biológico da princesa começava a emitir sinais das dificuldades que teria para engravidar se deixasse isso para mais tarde. Segundo o casal, dentro da perspectiva do conto de fadas, a princesinha ou o pequeno príncipe que viria ao mundo deveria ter olhos e nariz semelhantes aos dos pais. Caso contrário, as crianças poderiam ser submetidas a uma cirurgia plástica, o cúmulo da ironia.

O mundo da fantasia e o mundo real entram em choque quando o pequeno príncipe nasce após um parto demorado e dolorido, contrariando as expectativas e os desejos da princesa de ter tido um parto natural. A mãe sucumbe diante dos percalços da amamentação, do cansaço extremo, das rotinas estafantes e da inexperiência em relação aos cuidados com o recém-nascido. Ela tenta ocultar seus sentimentos de raiva e angústia, pois se sente envergonhada de não corresponder ao mito sagrado imposto pela sociedade quanto ao papel materno.

A preocupação excessiva com o bebê, a recusa da ajuda de uma babá ou de outros membros da família, a negligência em sua aparência, o desleixo para com o corpo, a perda do apetite sexual e a indiferença de um com o outro acabam minando o casamento.

Tudo piora com o nascimento da princesinha autista. Além de não saber lidar com esse problema, a mãe se desdobra na atenção ao filho primogênito e à filha que nascera com o distúrbio do neurodesenvolvimento.

A procura por um trabalho seria uma boa solução para aliviar os problemas do cotidiano, mas os trabalhos disponíveis pagam mal. O sentimento de culpa pelo abandono das crianças é mais um obstáculo para que a princesa não se realize. Marido e mulher esmoreceram, aniquilados pela fadiga física e emocional.

O conto de fadas que havia no início do relacionamento dá lugar à solidão e à angústia e à frustração de sonhos. O final feliz não acontece. A retomada de suas vidas, porém, representa um marco positivo na busca da realização e da felicidade.

A princesa se encontra consigo mesma, divide o fardo dos cuidados com o ele e se realiza como colunista especializada em assuntos de maternidade, dividindo experiências com outras mães em busca de conselhos. A correspondência entre a princesa e as leitoras envolve o despertar do elo amoroso entre mãe e filho que, às vezes, não se estabelece imediatamente após o nascimento; a depressão pós-parto; os papéis desempenhados por marido e mulher; as preocupações com o futuro dos filhos e as exigências com os seus *eus* diante da missão convencional da maternidade.

A narrativa *Woman of Valor* é uma reflexão sobre o papel que cada mulher desempenha na família e no mundo, a cisão entre seus desejos íntimos e o disfarce que muitas adotam ao tentarem negar a si mesmas o tormento que os filhos podem trazer e representar.

Lihi Lapid nasceu em Arad, em 1968. Ela é fotojornalista e foi colunista do jornal Yediot Ahronot por 15 anos. Atua como ativista para pessoas com deficiência. Lapid é Presidente da SHEKEL, uma organização comunitária dedicada a pessoas com necessidades especiais. Seu marido é o Primeiro-Ministro de Israel, Yair Lapid.

12. Naomi Ragen

12.1 An Observant Wife: A Novel

Judaísmo ortodoxo

Laura Trachtenberg Hauser

12.1.1 Tudo diferente, mas muito igual

Leah, ou Lola - como se chamava antes de sua conversão -, é uma judia moderna da Califórnia que decide se converter ao judaísmo ortodoxo e casar-se com o viúvo Yaakov. Tudo se passa em Boro Park, bairro de Nova York, famoso por acolher uma das maiores populações judaicas ultraortodoxas e haredi do mundo.

Com maestria, a autora *best-seller* premiada Naomi Ragen nos provoca a imergir na vida dos personagens; inclusive em seus pensamentos, dúvidas, sentimentos e vulnerabilidades, permitindo que o romance alcance outros graus de complexidade para além de seu roteiro.

Emocionante, sensível, por vezes divertida e relevante, a autora constrói uma história, por um lado, muito particular - proveniente de um grupo específico -, mas que serve como microcosmo social, pois toca em temas universais. Tudo muito diferente, mas muito igual à nossa realidade ocidental contemporânea.

12.1.2 A busca por algo a mais

> *Mais de uma vez, ela havia questionado a estranheza de uma jovem, mulher secular, em escolher viver entre eles apesar de todas suas regras mesquinhas e restrições irritantes. Por que você se submeteria a isso, caso não precisasse?* (Fala de Shaindele)

Em plena liquidez moderna teorizada por Bauman - quando instituições, estruturas e relações são colocadas à prova -, nada parece ser sólido o suficiente para suportar as transformações tecnológicas violentas que impactam os comportamentos e as rotinas das pessoas modernas. Queremos tudo em minutos (se possível, segundos), não temos paciência, inclusive para relacionamentos. Tudo está a um aplicativo de distância!

Nesse contexto, existe um movimento contrário, quase contrafóbico, a essa liquidez. Muitos estão procurando um "algo a mais", talvez essa solidez que falta, na espiritualidade e na religião. Era à procura desse algo a mais que estava a protagonista do romance ao se converter ao Judaísmo ortodoxo e ao se casar com o Yaakov, estudioso da Torah e pai de cinco filhos, assumindo sua casa e sua família.

Essa transição, aparentemente radical, não é exclusividade da personagem. Segundo a professora e pesquisadora Martha Topfel da Universidade de São Paulo, existe um processo de globalização da ortodoxia judaica:

> Três fenômenos caracterizam o processo de globalização da ortodoxia judaica. Primeiro, a emergência de comunidades judaicas com um alto compo-

> nente ortodoxo em cidades nas quais, até meados do século XX, não existiam comunidades judaicas, ou nas quais elas acabaram desaparecendo como resultado do aumento de matrimônios exogâmicos, da assimilação da maioria dos membros do grupo à cultura da sociedade hospedeira, ou como consequência do tamanho pequeno das comunidades em questão e a grande distância que as separava de comunidades judaicas estruturadas. Exemplos desse fenômeno são as novas comunidades ortodoxas em Beijing, Bombaim, Pucón, Belém do Pará, Copenhagen, Hanói, Katmandu, São Petersburgo e Veneza. O segundo fenómeno diz respeito à rede transnacional criada por correntes do judaísmo ortodoxo, principalmente pelo movimento Chabad e sua capacidade de impor-se como o judaísmo *autêntico* entre setores judeus laicos e liberais, tanto em Israel como nas diásporas. Por último, a apropriação do espaço público pela ortodoxia em contextos diaspóricos e a recriação do gueto judaico. (2017)

Ou seja, o Judaísmo ortodoxo (em conjunto com outras religiões) extrapolou o muro dos guetos.

O porquê pessoas como Leah abrem mão de uma vida de liberdade total para a imersão em uma realidade repleta de regras permeia o livro, sendo uma questão levantada seguidamente por uma personagem em especial: Shaindele, filha adolescente de Yaakov.

Algumas respostas são apresentadas por Leah:

> Eu me tornei religiosa porque eu amo o mundo, Shaindele - qualquer animal, qualquer árvore, qualquer flor. O mar. O céu. Montanhas. É tudo muito complexo, fantástico demais, para ser apenas um acidente qualquer. Tem que existir um Criador. E eu amo esse Criador.

Todavia, a transição para uma vida ultraortodoxa não está livre de desafios, e o caminho inverso também não estaria; pois algumas questões sociais não são exclusivas da ortodoxia ou da modernidade, são estruturais. Acolher o estrangeiro ou o diferente, por mais que seja uma *mitzvah*, infelizmente nunca esteve no DNA da história da humanidade.

12.1.3 Tudo diferente, mas muito igual: quando as convenções sociais ditam as regras

"Nós, 'frum Yidden', não temos monopólio sobre a bondade", afirma Rav Alter.

Não existe monopólio sobre a exclusão do diferente. Nem sobre o contrário. Nenhuma cultura ou grupo social está livre de suas convenções, para o bem e para ou mal.

Comportamentos e crenças sociais se constroem, tornando-se normalizados, estabelecendo modelos de pensamento e hierarquias creditados por aqueles que fazem parte do grupo. Assim, a obediência a regras, muitas vezes invisíveis, torna-se fator de sucesso em determinado grupo social.

Na realidade de Leah, isso não é diferente, na nossa também não. Logo que ela começa sua transição para a ortodoxia e para Boro Park, enfrenta toda forma de olhares desconfiados por ser uma *baalas tshuva*, uma convertida, uma mulher que já comeu porco e camarão, além de já ter se relacionado com outros homens.

Essa desconfiança vem inclusive de dentro do próprio núcleo familiar. No início, sua enteada, Shaindele, não está nada feliz com a mulher escolhida pelo pai para se casar. Ela tem seus motivos, afinal essa escolha pode afetar consideravelmente suas chances de fazer um bom *shiduch*, já que isso fere a reputação de sua "boa família". Coisa que nem o suicídio de sua mãe conseguiu fazer, já que, com muito esforço e influência social, sua avó, antes casada com um proeminente membro daquela comunidade, conseguiu enterrar a filha na parte nobre do cemitério.

Ironicamente, ou talvez evidentemente, esse fervor às hierarquias sociais acaba por perverter a comunidade: as *mitzvot* ficam em segundo plano, enquanto a vigilância e a defesa de certos indivíduos tornam-se prioridades. Ainda que essas figuras sejam o oposto do que se prega - parecido com o mundo lá fora, não é?

Tudo isso em um microcosmo ultraortodoxo. Tudo muito diferente, mas muito igual.

12.1.4 "Sucesso" não traz felicidade

Leah afirma: "A coisa mais preciosa que qualquer humano tem em sua vida é a liberdade de escolher como viver. Mas nós não podemos usar esse dom se formos covardes, se tivermos medo de sair da cama de manhã".

Essas regras e crenças explícitas e implícitas formam paradigmas de sucesso, na maioria das vezes, muito cruéis, e facilitam que injustiças diversas sejam cometidas em prol de uma vida supostamente bem-sucedida.

Vários exemplos de sofrimentos contemporâneos aparecem nessa obra: por exemplo, o acobertamento de abusos sexuais feitos por um dos membros importantes do grupo; a solidão e a exaustão de Leah, representativas das mulheres que trabalham e tomam conta da casa. Sem contar a sensação de alienação e de escravidão que o trabalho compulsório de Yaakov provoca nele (bem-vindo ao clube!), em plena Sociedade do Cansaço, conceito do filósofo Byung-Chul Han, o certo é se explorar.

Lola (a protagonista antes de sua conversão) foi uma mulher bem-sucedida em seu grupo: executiva de sucesso, com um ótimo salário, apartamento espaçoso, atraente aos olhos dos homens etc.

Zissele, primeira mulher de Yaakov, também foi um *case* de sucesso para Boro Park: filha de uma família importante, casada com um estudioso da Torah, professora e mãe.

O que mais elas poderiam querer, certo? No entanto, nenhuma das visões de sucesso preestabelecidas trouxe felicidade para elas.

Daí a importância da escolha e de poder escolher e criar seu próprio paradigma de sucesso, o mais livre possível das pressões sociais.

12.1.5 Onde não puderes amar, não te demores

À página, 327, Yaakov afirma: "Nós vamos achar nosso jeito de passar pelas cercas sem cais do penhasco".

Como escreveu o rabino Rogério Cukierman:

> Além de amar a Deus, somos instruídos pela Torá a desenvolver o amor em duas outras situações:

> amar o estrangeiro, pois também fomos estrangeiros no Egito (Deut. 10:19) e amar o próximo como a nós mesmos (Lev. 19:18). Lido nestes contextos, o conceito bíblico de "amor" está profundamente relacionado com o sentimento de "empatia", com a capacidade de nos relacionarmos com a realidade vivida por outra pessoa, nos solidarizarmos com suas dores e festejarmos suas conquistas.

É apenas a partir do amor e da escuta genuína que Leah e Yaakov são capazes de unir seus mundos e construir uma família. A sua família, e não aquela que era esperada, imagética, encontra caminhos intermediários para a construção de sua Jerusalém particular.

Ao correr do livro, o afeto e o amor se colocam como uma arma poderosa de transgressão às convenções ou às supostas visões de sucesso e de construção familiar.

Leah se torna um alicerce de sua nova família, principalmente para a rebelde Shaindele que começa a enxergar nela uma confidente. Com sua música, honestidade e afeto, ela consegue transitar por Boro Park, mesmo quando a realidade se mostra desafiadora.

É por meio da empatia e da coragem que Fruma Esther, ex-sogra de Yaakov, revela-se uma base para essa nova edificação.

Não existe receita para a felicidade, isso fica claro em *An Observant Wife: A Novel.* Nem sabemos qual o melhor caminho para cada pessoa. Cada indivíduo é um microcosmo particular e plural. Daí a necessidade de respeito pelas escolhas de vida.

Mas uma coisa é certeza e por isso serve de aviso a todos, nas palavras de Frida Kahlo: "Onde não puderes amar, não te demores".

Laura Trachtenberg Hauser é fundadora da LTH, empresa de pesquisa e desenvolvimento de conteúdos que conectam tecnologia e sociedade. Sócia da Supernova, empresa de design de inovação e aprendizado. Historiadora, formada pela Universidade Pantheon Sorbonne e Mestre em Sociologia da Cultura pela Universidade Sorbonne-Nouvelle. Apaixonada por tecnologia e inovação, tem curso de especialização em Tecnologia de Mercado na Era Digital, pelo Instituto Holon de Tecnologia de Israel.

Naomi Ragen, nascida em 10 de julho de 1949, é uma autora e dramaturga ortodoxa israelense-americana. Ragen mora em Jerusalém e escreve em inglês. Um tema recorrente em suas obras de ficção é a injustiça contra as mulheres na comunidade judaica Haredi.

13. Orly Castel-Bloom

13.1 Dolly City - Mito do amor materno

Leniza Kautz Menda

> Dolly é o arquétipo familiar de toda mãe judia que cria o filho com amor invasivo e, algumas vezes, destrutivo. Dolly City é uma sátira grotesca da guerra e das medidas defensivas para a sobrevivência. É uma narrativa que põe em xeque o mito da maternidade e suas implicações na vida de uma nação.
>
> CASTEL-BLOOM, 2010

Nessa narrativa distópica de cunho realista, Orly Castel-Bloom traz à tona uma realidade fantástica, a fábula satírica da vida urbana contemporânea. O cenário, Dolly City, é uma cidade dominada por habitantes dementes, deprimidos e sem-teto, vivendo em meio ao caos do tráfego intenso e dos ruídos ensurdecedores. Nela, impera um mal-estar generalizado: a violência doméstica e os estupros eram frequentes nesse cenário urbano, e o desfecho para essas vidas destroçadas era, constantemente, o suicídio.

Dolly, uma médica paranoica, vive em Dolly City. Ela é formada em medicina em Katmandu, no Nepal. Ser médica era o maior desejo de seu pai. Em seus delírios psicóticos, Dolly supõe que o pai tenha morrido de câncer. Na verdade, ela injetara nele uma droga letal que acabara acelerando sua morte.

Dominada por um sentimento de culpa e frustração, Dolly exerce a profissão realizando abortos em prisioneiras cujos filhos eram indesejados.

As detentas achavam que os filhos não eram legítimos e, muitas vezes, provocavam os abortos com agulhas de tricô. Além disso, a maioria dos pacientes de Dolly morria na mesa de operação; restava a ela realizar tarefas de baixa complexidade sob o ponto de vista médico, tais como aplicar injeções no reto dos pacientes, praticar a eutanásia ou cuidar de pacientes com doenças sexualmente transmissíveis.

A falta de bons sentimentos e o instinto destrutivo de grande parte da população, emergiam em função da depressão provocada pela vida urbana, pela falta de objetivos e pela dificuldade de lidar com as situações de guerra, com foguetes e mísseis profusamente lançados sobre a cidade.

Portanto, Dolly City pode ser qualquer cidade israelense traumatizada. As hipérboles acentuam o autodilaceramento das pessoas que compravam antidepressivo vendido no Mercado Carmel, tal como expresso nas andanças de Dolly pela cidade:

> Nós vagávamos pelas ruas do mercado. Com uma mão segurava meu filho e, na outra, uma cesta de vime que enchi de sobras de frutas, vegetais e pedaços de frango. Chegamos à barraca onde ven-

> diam antidepressivos amarelos por quilo, montanhas de pílulas amarelas. O vendedor ambulante colocou as pílulas, com uma colher, em sacolas de papel e as pessoas as compravam como se fossem amendoins. Eu comprei dois quilos de pílulas para que durassem por um mês e engoli oito de uma só vez. Também dei duas ao meu filho.

Dolly encontra um bebê recém-nascido no lixo, em um saco plástico preto, de quem decide se tornar mãe, uma mãe temerosa e extremamente preocupada com a saúde do filho. Dominada por um impulso maternal, a médica utiliza seu "laboratório de doenças raras" para abrir a criança com um bisturi a fim de se certificar de que o bebê tinha todos os órgãos do corpo. O anseio de proteger a criança das doenças infantis e de possíveis moléstias futuras, tais como o câncer, é inerente a essa "mãe judia", inconsequente e desmoderada. Orly Castel-Bloom usa humor negro, absurdo e grotesco que choca o leitor e constitui uma crítica mordaz ao mito do amor materno:

> Decidi contornar o terrível medo de perder meu filho tentando protegê-lo da melhor maneira possível contra as doenças que poderia vir a ter. Eu sabia que nunca seria capaz de controlar o destino, mas decidi tentar e lutar contra ele (...) Em primeiro lugar, decidi que imunizaria a criança contra todas as doenças possíveis e imagináveis. Corri para comprar vacinas contra tétano, difteria, sarampo, poliomielite, gripe icterícia e as apliquei nele de uma só vez, embora soubesse que não deveria ter feito aquilo. Eu não conseguia parar, não podia controlar meu instinto materno.

Os procedimentos realizados por Dolly no bebê nos autorizam a questionar o mito do amor materno. Seu excesso de cuidados e as cicatrizes infligidas à criança com o bisturi, seriam prova de amor ou rejeição? Assim, observa-se que o mito do amor materno é um tópico relativamente questionável tendo em vista que, ao longo dos séculos, moldou o papel da mulher exclusivamente para as tarefas do lar e a criação dos filhos. Todas as fontes que questionam essa vertente da maternidade podem causar estranhamento às pessoas.

O termo "mito" engloba o questionamento do amor materno, pois, no mundo contemporâneo, esse sentimento não é mais considerado como sacralizado nem sua realização é ansiada por todas as mulheres. Elisabeth Badinter, em seu livro *Um Amor Conquistado – o mito do amor materno*, se questiona se o amor materno seria um instinto, uma tendência feminina inata ou dependeria de um comportamento social, variável de acordo com a época e os costumes?

No caso de Dolly, uma personagem extremamente complexa, percebe-se um instinto materno agudo que desponta no zelo desmedido e nos cuidados para com seu bebê.

Por outro lado, existe a variante cultural, visto que Dolly vive numa cidade dominada pela guerra e à mercê de poderes autodestrutivos que tornam os indivíduos depressivos e vulneráveis à loucura.

A interação entre mãe e filho se efetiva por meio da paranoia, da agressão e da impaciência; a criança, para Dolly, representa um fardo em sua peregrinação pela cidade. A vida da protagonista, como mãe solteira, é complicada pelo desconhecimento da paternidade do filho e do mistério em torno da morte do próprio pai. Todos esses elementos são fonte de angústia para ela, fruto de uma sociedade que pode conduzir à loucura:

Além de qualquer dúvida - a loucura é um predador. Seu alimento é a alma. Ela toma conta da alma tão rapidamente quanto nossas forças ocuparam a Judeia, a Samaria e a Faixa de Gaza em 1967. Quando a loucura se impregna no território da mente humana, as vacas loucas aparecem. Tudo o que elas fazem é comer, então elas se empanturram e destroem os pastos. E, se um Estado como o de Israel não consegue controlar os árabes, como alguém pode esperar que eu, um simples indivíduo, possa ocupar os meus territórios interiores?

(...)

No fundo do meu coração, eu sabia que não deveria, em hipótese alguma, entrar no quarto do bebê, pois ele estava dormindo profundamente. Apesar disso, fui até seu berço com meu uniforme verde de cirurgiã, tirei a sua roupa e o deitei de barriga sobre a mesa gelada de metal (...) Peguei uma faca e comecei a cortar aqui e ali. Desenhei, em suas costas, um mapa de Israel durante o Período Bíblico tal como me lembrava do colégio e assinalei nele todas as cidades dos Filisteus como Gath e Ashkelon, e, com a lâmina da faca, gravei o Mar da Galileia e o Rio Jordão que desemboca no Mar Morto. Contemplei as costas esculpidas - ninguém poderia dizer que não era o mapa de Israel.

Quando ele virou de costas, pude ver o mapa de Israel em suas costas. O mapa estava incrivelmente preciso e atualizado; alguém havia traçado linhas e fronteiras à medida que a criança crescia. Examinei o mapa cuidadosamente e uma coisa me

> chamou a atenção: ele havia retornado às fronteiras de 1967! Incrível! Sim, esse é o choque de gerações, pensei comigo mesma. Minha mãe cuspiu nos árabes, eu os olhei diretamente nos olhos, e, um dia, meu filho lamberá suas bundas.
>
> (...)
>
> Dolly, em meio ao cenário da guerra, se torna uma sem-teto. Em seus delírios de exercer a medicina, ilude-se ao vagar de campo em campo, de uma especialização a outra "como os israelitas que vagavam de um lugar a outro ao longo dos anos de seu exílio."

O cenário caótico do perímetro urbano de Dolly City, inundado pelos preconceitos em relação aos curdos e às hostilidades contra os árabes, é um terreno favorável à erupção da obsessão de Dolly no que se refere ao câncer.

A protagonista vê a doença em tudo e em todos que a cercam. A morte de seu pai pelo câncer representou uma verdadeira catástrofe para ela a ponto de tentar combater a doença e evitar, tanto quanto possível, que a moléstia acometesse seu filho adotivo:

> No dia em que a criança completou um ano e começou a caminhar, vi diante de mim uma pessoa, pequena, mas uma pessoa, pensei comigo mesma que ela poderia estar com câncer. O medo do câncer era o pior de tudo. Câncer, na minha opinião, é a mais terrível doença que o Anjo da Morte já inventou. Essa doença é uma armadilha, tanto para o médico como para o paciente, porque você nunca sabe com certeza absoluta o momento em

> que ela começa a florescer nas profundezas do corpo de uma pessoa. Durante a minha pesquisa, no passado, tentei, com toda a minha obsessão, achar uma cura para essa doença, mas não obtive sucesso. Assim, embora eu soubesse que ele definitivamente não tinha câncer, decidi aplicar-lhe uma dose de quimioterapia e grandes quantidades de vitamina A, somente para me sentir segura.

O câncer é incorporado à narrativa e se transforma no símbolo da degradação urbana vislumbrada em Dolly City: a poluição sonora e olfativa, a ausência de contato com a natureza, os agrotóxicos e conservantes da indústria alimentícia, os preconceitos em relação às minorias e outros fatores corrosivos; entre os quais, as guerras e as hostilidades contra as minorias. Na mente doentia de Dolly, o câncer se espalhava por toda a cidade, até mesmo nos rostos das moças louras, nos barris de alcatrão, nas rodas dos ônibus e dos carros, nas cabines telefônicas, nos jornais: a doença, sob o ponto de vista de Dolly, espalhava-se rapidamente, num estado de corrosão como numa metástase.

13.2 Partes Humanas: Israel

Terra do leite e mel?

Marcia Dreizik

Partes Humanas, de Orly Castel-Bloom, trata de um país e das pessoas que ali vivem. Esse país é Israel, um sonho tornado realidade depois de quase 2 mil anos da diáspora de seu povo. *Leshana Habaa B'Yerushalaim* ("No ano que vem, em Jerusalém") é uma prece que acompanha os judeus desde a destruição do Templo em 70 d.C.

A relação desse povo com aquela terra remonta a Abrahão e à promessa de Deus. "Ora, o Senhor disse a Abrahão: Sai-te da tua terra, e da tua parentela e da casa de teu pai, para a terra que eu te mostrarei. E far-te-ei uma grande nação" (Gênesis 12:1-2)

A autora trata desse vínculo transgeracional que une um povo àquela terra, com tudo que esse vínculo carrega de ilusão, crença, esperança, desespero, inquietude e dor.

Tel Aviv, uma cidade cosmopolita, é o principal cenário do livro. Os protagonistas que compõem o centro da trama são pessoas fadadas a enfrentar dificuldades, obstáculos e empecilhos de todos os tipos num país assolado por um clima inóspito e assustador, por uma situação de ataques terroristas diários, por doenças e pobreza.

São principalmente mulheres, tais como as matriarcas bíblicas, Sara, Rebeca, Lia e Raquel, que ocupam um suposto segundo plano, quem realmente dá movimento à trama. Moram em uma região pobre da cidade e são vítimas de todo tipo de violência, desde o desemprego, os atentados terroristas diários, um inverno extremamente rigoroso como não costuma acontecer no país, todas as situações que influenciam diretamente em suas experiências pessoais, na sua rotina e nos seus conflitos existenciais.

O primeiro capítulo é dedicado a esse inverno tão frio e chuvoso, que assusta por ser rigoroso e por ser desconhecido. Uma população acostumada à seca, ao clima de altas temperaturas, ao racionamento da água, se vê de repente acometida por uma previsão meteorológica que pouco acerta e não consegue prever a quantidade de água que cairá dos céus.

> Era um inverno extraordinário. Completamente diverso daquele tipo de inverno fragmentado ao qual os habitantes de Israel estavam acostumados, que mais parecia uma coleção de sobras dos invernos de outras partes do mundo doada ao Oriente Médio: aqui e ali um aguaceiro, uma garoa seguida de muitos dias de sol, agradáveis, mas preocupantes, pois traziam uma mensagem de seca, fome, pobreza, desemprego, recessão, tédio, desespero e pânico existencial. (CASTEL-BLOOM, 2003, p. 9)
>
> (...)
>
> Gotas de chuva do tamanho de azeitonas (...) Granizo esculpido em várias camadas de nuvens irrompia delas em várias formas e tamanhos, e bombardeava a terra ferindo folhas, aves, janelas, carros e pessoas que estivessem no seu caminho. (BLOOM, 2003, p. 10)

Neste cenário opressor e aterrorizante, a autora desenvolve suas personagens, homens e mulheres atordoados pela chuva intermitente e avassaladora, pela neve, pelo frio extremo, pela situação política do país em relação a negociar ou não com os palestinos, pelos ataques terroristas ceifando muitas vidas diariamente.

Sua intenção é contar as histórias infelizes dessas pessoas num ambiente hostil ao amor, ao sucesso, à humanidade, enfim, um ambiente que os leva a uma luta que beira a insanidade, tornando-os "lúgubres, inexpressivos, reservados, atônitos, complicados e nada amigáveis" (BLOOM, 2003, p. 14).

O horror é instalado pelo inverno atípico, pelos terroristas, pelos franco-atiradores, pela pobreza que atinge elevado número de famílias e pela negligência com que a previdência trata as pessoas feridas e machucadas ou acometidas de gripe. As verbas sociais estavam sendo direcionadas para o enfrentamento dos mísseis que caíam sobre as cidades e atingiam casas e pessoas, deixando fragmentos de corpos espalhados na neve, o que dificultava o reconhecimento dos mortos pelos parentes.

Em vista disso, o presidente sai em visitas diárias de condolências às famílias vitimadas, a enterros e a hospitais em todo o país. Viaja de carro, numa rotina estafante tanto física como emocionalmente. Essas viagens são o retrato de um país sofredor e deprimente.

Naquele período, a vida era carregada de um grande medo generalizado que se potencializava em pânico e a tragédia, embora uma certeza, era imprevisível como e quando aconteceria: tudo poderia acontecer a qualquer momento, um tiro, uma bomba, uma perna amputada pelo congelamento, a miséria e a perda de pessoas queridas.

Liat Dubnov, a personagem que representa o passado, era diplomada em aramaico bíblico com mestrado em idiomas semitas, além de colecionadora de calendários hebreus raros datados do século XV. Seu sobrenome, Dubnov, remete ao historiador Dubnow, autor do clássico *História Judaica*, fonte de estudos de muitas gerações de estudantes judeus em todo o mundo.

Liat é internada com diagnóstico de pneumonia aguda provocada pela epidemia de gripe que se instalou devido ao inverno rigoroso. Morre no início da narrativa.

Adir Bergson, seu irmão, executa todos os cerimoniais do luto e, a cada passo, sofre a decepção de ver diminuir o número de amigos que o acompanham nessa despedida. Para Bergson: "As pessoas estavam cansadas da morte" (CASTEL-BLOOM,

2003, p. 98). Morte provocada pelo clima, pelos terroristas, pela dura realidade que todos enfrentam.

A namorada de Adir, Tasaro, é uma linda etíope que chegou a Israel com a Operação Shlomo, atravessando o deserto para alcançar a Terra Santa. Seu pai morreu no percurso e sua família tem dificuldade para se integrar à nova vida. Procedentes de um país ainda primitivo, Tasaro é a única entre irmãos, cunhados e sobrinhos que se esforça para falar hebraico corretamente e adaptar-se ao mundo contemporâneo.

Sua mãe e seus irmãos moram no "gueto", como refere a autora, para sublinhar a intolerância da sociedade israelense aos novos imigrantes. Porém, Tasaro ultrapassa os primeiros obstáculos e, por isso, tem vergonha da família que se fecha em si mesma e fala uma mistura de hebraico e amárico, negando-se a participar da sociedade que a aceita com resistência.

Entretanto, Tasaro não muda seu nome, o que demonstra respeito a uma origem que não quer renegar nem esquecer. Ela sabiamente consegue conviver com o passado e com o momento presente, planejando o futuro.

Trabalhando como modelo, Tasaro alimenta o sonho de vir a ser atriz de TV. Quando consegue um lugar como apresentadora de um programa da loteria na televisão, fica exultante. Mais uma batalha vencida que lhe permite vislumbrar novos horizontes profissionais.

Tasaro pensa em casamento e filhos, porém Adir se recusa a se casar. Justifica sua recusa apontando a dificuldade de um casamento inter-racial e os problemas que os filhos terão de enfrentar.

Adir confessa que tem medo do casamento e, para fugir do compromisso, inventa uma sequência de motivos, chegando ao ponto de dizer que não quer "produzir mais uma geração para a catástrofe" (CASTEL-BLOOM, 2003, p. 169), o que transcende aquestão racial. Adir via Israel como um grande cemitério.

Iris Ventura, ex-namorada de Adir, divorciada com três filhos, se esforça duramente para sair da pobreza. Foi casada com um arquiteto de Jerusalém que a trocou por uma imigrante russa mais jovem. Formada em Artes Gráficas, abandonou sua profissão para cuidar da família.

Depois da separação do marido e do rompimento com Adir, sente-se cada vez mais desamparada. A frustração toma conta dela e a deixa "sem a menor vontade de viver" (CASTEL-BLOOM, 2003, p. 58), beirando a depressão.

Sua grande preocupação no momento é lavar a roupa, pois sua máquina estragou definitivamente, sem conserto. Calcula os preços das lavanderias e busca moedas pela casa, numa maratona que a deixa ansiosa e desalentada, abatida. A preocupação constante em encontrar uma solução para manter a casa e seus três filhos a perturba demais, a ponto de tirá-la do prumo.

Felizmente Adir a chama para fazer a comida *kasher* que, segundo o ritual judaico, deve ser oferecida aos amigos que comparecerem à *shiva*, o período de 7 dias de luto pela morte de sua irmã. Com esse trabalho e mais a limpeza do apartamento de Liat, Iris ganha o suficiente para comprar a tão desejada lava-roupas, o que a libera para fazer o tratamento odontológico, muitas vezes adiado, e comprar o computador que os filhos tanto desejavam. Mais aliviada, decidiu procurar um emprego, o que encontra numa floricultura.

Kati Beit-Halahmi é entrevistada na televisão israelense como representante das muitas famílias que vivem abaixo da linha de pobreza. Pessoas negligenciadas porque a segurança pública desviara recursos da área social para as famílias vitimadas pelos ataques.

Essas pessoas padecem em razão da pobreza, da falta de assistência, da insegurança causada pelos atentados terroristas, do inverno rigoroso e das doenças resultantes do frio e do mau tempo.

Kati é faxineira e trabalha esfregando escadas, o que a deixa cansada e deprimida. Tem quatro filhos e seu marido, Boaz, está desempregado. Seu sonho é ter uma profissão autônoma, que lhe dê dignidade e melhores condições de vida. Numa atitude corajosa, Kati se demite e procura uma professora de maquiagem para fazer um curso. Mas o equipamento de que precisa para aprender é muito caro, o que seria um empecilho. Ela arrisca uma cartada contra o funcionário de um banco onde faz faxina e consegue o valor de que precisa.

Quando seus filhos vão participar da festa de Purim na escola, Katy os maquia e eles alcançam o segundo lugar no concurso de fantasias. "Boaz olhava para os movimentos delicados, profissionais, de suas mãos. Depois de anos torcendo panos de chão, imaginava que as mãos dela estariam ásperas, grossas, e ele nunca ousava olhar para elas" (CASTEL-BLOOM, 2003, p. 205).

Boaz é um homem amargo e ressentido por não ter herdado a fazenda de aves da família. Um acidente o deixou manco e desempregado. Num impulso, vai a Jerusalém para consultar um místico do oriente sobre o que deve fazer. Ao voltar para casa, seu carro é atingido por disparos de franco-atiradores e Boaz morre na estrada.

A leitura de *Partes Humanas* nos leva à sensação de que as personagens se sentem presas a uma vida sem perspectivas, com dor e sofrimento causados por uma circunstância adversa e ameaçadora, encurraladas em um país de onde não podem sair.

Liat nos diz que o passado tem pouco a contribuir no enfrentamento das dificuldades atuais. Junto com ela, sucumbem o aramaico, a história judaica, os calendários antigos, a Terra Prometida a Moisés como a Terra do Leite e do Mel.

Orly Castel-Bloom retrata Israel como um país deprimente, que perdeu a aura de ser a terra oferecida por Deus a Abrahão. Há uma imensa desilusão com o país real, com as dificuldades cotidianas, com o clima, com os conflitos políticos e com as questões subjetivas de cada um.

Além da rotina que castiga cada uma das personagens, de seus conflitos do dia a dia e de suas questões existenciais, da insegurança causada por terroristas, pela pobreza negligenciada, uma nova variável é agregada a tudo isso para dar um toque ainda mais trágico ao quadro. Um clima insuportavelmente frio, chuvoso, em que até a neve cai em excesso e, muitas vezes, é manchada pelo sangue das vítimas de atentados, compõe o cenário dessas histórias.

Adir, após a morte da irmã e um ataque de asma, sente-se sozinho, tem medo de morrer e pensa em fugir de Israel. Via Israel como um grande cemitério.

> Adir sente vontade de arrumar as malas e partir. Dessa vez queria sumir na paz e na quietude do Canadá. Não queria mais violência e levantes. A vida lhe parecia insuportável em Israel... Bombas. Tiroteios, foguetes, e onde estava a solução? (CASTEL-BLOOM, 2003)

Boaz também se sente desiludido, ressentido e não vê saída. Vai a Jerusalém consultar um místico em busca de uma solução mágica que não existe. Seu fim é rápido e indolor. A redenção vem por meio das mulheres, as matriarcas, que lutam com unhas e dentes por suas famílias, por seus filhos e por si mesmas. As mulheres representam a força necessária para sobreviver e enfrentar os obstáculos, agarrando-se a todas as oportunidades que surgem. Resilientes e corajosas, procuram novas soluções para problemas antigos. Tasaro não perdeu o ânimo nem a força de vontade, mesmo tendo atravessado o deserto a pé no percurso da Etiópia a Israel. Seu empenho em aprender hebraico e a se integrar a uma realidade desconhecida resulta no acesso a seu sonho profissional.

Sua integridade seduz Adir a ponto de fazê-lo aceitar a gravidez que ele não desejava. "Que venha mais uma criatura para este mundo, para tentar entender o enigma da existência humana" (CASTEL-BLOOM, 2003, p. 199).

Iris precisa criar três filhos sozinha e, passo a passo, consegue trilhar o caminho para resolver suas necessidades mais imediatas. Submete-se a situações incômodas e constrangedoras na *shiva* de Liat para poder comprar uma máquina de lavar roupas, um computador para os filhos e melhorar sua condição financeira.

Por fim, Kati, a mais pobre, joga todos os dados disponíveis para superar sua triste condição. Mesmo sendo quem sustenta o marido e os filhos, ela arrisca, pede demissão e habilita-se a um curso de maquiagem que não pode pagar. Com muita presença de espírito e sagacidade, consegue descobrir que um funcionário do banco onde faz faxina desviou um valor e ameaça delatá-lo caso não lhe pague a quantia de que ela precisa.

Essas mulheres rompem com a depressão e com a paralisia frente ao terrível destino a que foram lançadas. Vencem barreiras e encontram saída na própria vida, no dia a dia, nos sonhos, tornando estes realidade. É Iris quem diz: "Quando começar o mês de Adar, haverá júbilo em abundância". A Kati cabe a fala que responde à principal questão do livro: "É preciso aguentar firme e seguir em frente. Não temos outro país" (CASTEL-BLOOM, 2003, p. 239).

Essa frase encerra uma questão presente na história do povo judeu há milhares de anos. É esse o país que temos, no qual certamente não jorra leite ou mel, a não ser que seu povo se empenhe, se esforce, trabalhe com inteligência para transformar a seca em água canalizada, criando estratégias para sobreviver aos atentados, para plantar no deserto, para acolher os imigrantes, para fazer valer sua dignidade e sua história milenar, para fazer sua luz brilhar.

Dos fragmentos humanos estraçalhados pelos mísseis, o livro deriva para partes humanas estraçalhadas pela vida dura e sem esperança.

Partes Humanas parece querer mostrar que não há saída para o dilema entre país sonhado e país real. Porém, ao mesmo tempo, indica sinais de superação dessa dicotomia, apontando para a constatação de que não há outro país. Uma constatação cada dia mais evidente para judeus de todo o mundo.

Marcia Dreizik foi professora por alguns anos e depois se tornou empresária, além de trabalhar em uma editora, sempre em torno de livros. Gosta de mudanças e também cultiva as tradições. Segue com satisfação as regras quando são claras e justas, e é rebelde e crítica quando não concorda com elas. Costuma se aprofundar em alguns temas, sempre mantendo a mente aberta a novidades. Nasceu em Porto Alegre onde mora até hoje.

Orly Castel-Bloom nasceu em Tel Aviv em 1960 e é uma voz importante na literatura hebraica. Ela é autora de 13 livros e obteve duas vezes o Prêmio Primeiro-Ministro. **Dolly City** ***foi incluído na coleção de trabalhos representativos da Unesco (Organização das Nações Unidas para a Educação, a Ciência e a Cultura).***

14. Rina Frank

14.1 Toda Casa Precisa de Varanda

Imigração romena em Israel

Leniza Kautz Menda

> A nossa Rua Stanton era uma rua muito barulhenta e as conversas entre as varandas eram um fato rotineiro. Sentar na varanda era como sentar na poltrona para ver televisão, A varanda era a nossa televisão em transmissão ao vivo, com atores autênticos da vida real.
>
> FRANK, 2008

A narrativa de Rina Frank se passa em Wadi Salib, um bairro pobre localizado na cidade de Haifa, com altas taxas de desemprego, pobreza e criminalidade. Nessa área geográfica, predominavam os habitantes árabes, mas, após a Guerra da Independência, a maioria fugiu e deslocou-se para outras partes do país. Após a Guerra, o governo israelense alojou, nas casas desocupadas, novos imigrantes, especialmente os *mizrahim* do Norte da África. Nesse livro, a narradora conta a saga de sua família romena, entremeando trechos de sua infância e os primeiros anos da vida adulta. Em Wadi Salib, residiam os imigrantes curdos, sírios, romenos e marroquinos:

> Em frente a nós vivia a família marroquina Abass. Era uma família com doze pessoas, em que todos batiam em todos. Os pais batiam nos filhos, os filhos mais velhos, nos filhos mais novos, e os mais novos, nos bebês. Todos ali queriam crescer rápido, para que chegasse a sua vez de bater no irmão mais novo.

A educação dos habitantes desse bairro em Haifa era muito precária, visto que a maioria dos imigrantes não havia frequentado escolas em seus países de origem e não pretendia enviar seus filhos à escola em Israel. Entretanto, a lei do ensino obrigatório veio facilitar a absorção dos imigrantes e obrigá-los a estudar o hebraico. Até os mais resistentes entenderam que, no novo país, as crianças deveriam estudar até os 14 anos; caso contrário, os pais seriam presos.

As dificuldades de adaptação dos imigrantes à nova pátria – Israel – são retratadas pela resistência da mãe em aprender o idioma oficial do país no qual foi acolhida. Essa resistência desperta vergonha na nova geração, representada, aqui, pelas filhas de Bianca:

> Ficávamos envergonhadas quando mamãe não escutava o que lhe diziam porque ouvia mal, quando não entendia o que lhe diziam porque não sabia hebraico, ou quando fingia que não estava ouvindo ou entendendo porque não lhe convinha.
>
> (...)

> Quando mamãe movia a cabeça energicamente, sabíamos logo que não estava entendendo nenhuma palavra do que lhe diziam e tínhamos que explicar em voz alta e em romeno, é óbvio, tudo o que um bebê entenderia em hebraico, enquanto todos os olhares do mundo se dirigiam a nós.
>
> (...)
>
> O que mais nos envergonhava em nossa mãe era o fato de que desconhecia o hebraico. Por causa disso, minha irmã e eu éramos obrigadas a falar romeno.

O desconhecimento da língua hebraica era um sério empecilho para a obtenção de empregos mais graduados e estáveis. Bianca só encontrava empregos temporários e subalternos como os de faxineira, lavadora de louças e preparadora da merenda escolar. Essa personagem feminina é caracterizada como *schlieper* (alguém que quer obter vantagem em tudo), um personagem do gueto medieval transplantado para a Israel atual. Tal designação é perfeitamente visível nos momentos em que a mãe faz manobras e pequenos "furtos" para ludibriar a pobreza:

> Da alfândega, mamãe "arrastava" regularmente papel higiênico. Todos os dias voltava para casa com dois rolos de papel higiênico na bolsa. Depois de dois anos de trabalho na alfândega, não havia um só canto na casa que não estivesse entupido com papel higiênico, como se todos eles pudessem nos salvar da Terceira Guerra Mundial.

Em todos os lugares em que Bianca trabalhava, ela afanava alguma coisa. Nas casas particulares em que fazia faxina, ela não se permitia pegar nada furtivamente porque sempre desconfiariam da faxineira e, na maioria das vezes, eram generosos com ela e suas filhas. Em contrapartida, entendia que, num emprego do governo, tudo era diferente, uma vez que as instituições públicas tinham dinheiro. Então, ela se sentia à vontade em afanar algumas canetas, folhas de papel, copos de chá e café - tudo para uso doméstico. Encontrava, assim, uma justificativa plausível, do seu ponto de vista, para os furtos.

Percebemos que a varanda fazia parte da estrutura arquitetônica dos prédios da Rua Stanton onde os Frank foram morar. Sem dúvida, o sentido dado pela narradora a essa espécie de balcão-sacada da casa ultrapassa o mero espaço físico a ponto de a varanda ser vista como um personagem importante no contexto do livro.

Num primeiro momento, esse espaço era um local de contemplação, pois, nele, podia-se observar o porto de Haifa com suas frotas e navios, além de suas refinarias. Os habitantes da casa com varanda têm uma sensação de poder, visto que identificam, em primeira mão, os navios e barcos da população árabe que entravam no porto e que poderiam, em 1948, ser uma ameaça fatal à segurança dos israelenses.

Na varanda, a vida dos moradores ficava exposta, assim como as roupas e os tapetes que os imigrantes romenos colocavam naqueles espaços para arejar e secar. Essa varanda, tal como descrita pela autora, nos remete às aldeiazinhas da Europa Oriental onde os judeus viviam num ambiente de pobreza, mas, de modo geral, conformados e, até mesmo, felizes com sua existência de penúria. Os hábitos, as fofocas e a intromissão na vida alheia representavam, na varanda, a reprodução do *shtetel* judaico que os imigrantes de várias origens haviam deixado para trás em seu passado europeu. A preservação dos antigos costumes representava a configuração e a manutenção de suas origens:

> Não havia cortinas nas janelas e todos viam todos como num filme. Toda a sua vida ficava exposta na varanda, estampada na roupa empilhada sobre o parapeito para arejar diariamente. Todos os vizinhos sabiam com que frequência, se realmente o faziam, as famílias trocavam as roupas de cama. Havia a roupa lavada pendurada nas cordas ao longo da varanda, as roupas remendadas e também as roupas de baixo e camisolas puídas de tanto lavar, como se fossem objetos pendurados diariamente para a venda pública. Nas longas noites de verão, as pessoas se sentavam na varanda.

A varanda é, portanto, um espaço onde se podia conversar, ouvir as conversas alheias, jogar rúmi e encontrar compensações para a vida miserável. Esse espaço físico é descrito pela autora de maneira hilária: "Sentar-se na varanda era como sentar-se na poltrona pra ver televisão. A varanda era a nossa televisão em transmissão ao vivo, com autores autênticos, da vida real. Na Rua Stanton inventaram a Reality TV".

Na varanda há espontaneidade, preservação dos valores autênticos e liberdade para fugir das convenções sociais. Esse espaço físico é a fonte de inspiração para a imaginação da narradora-escritora. As diversas pessoas vistas através da varanda são lembradas com carinho por Rina à medida que tenta descortinar, em seu imaginário, como seria a vida delas.

No romance, a varanda, na acepção mais ampla do termo, representa a vida, a comunhão com o próximo, a abertura para o mundo exterior e a compreensão de nós mesmos como seres humanos frágeis e resilientes frente às adversidades da vida.

A narrativa de *Toda Casa Precisa de Varanda* é intercalada por trechos memorialistas da infância de Rina e trechos de sua vida adulta, como quando ela se apaixona pelo espanhol que se tornaria seu marido. Os momentos da infância são expressos com saudosismo e encantamento. Embora sua vida fosse pautada pela pobreza, Rina recorda os sanduíches que o pai preparava com tanto zelo e carinho – sanduíches de queijo búlgaro com rodelas finas de tomate, ou de queijo cascaval, tão apreciado pelos romenos e muito superior a qualquer queijo amarelo seco. Os colegas a invejavam, pois, geralmente, deviam se contentar com o pãozinho industrializado comprado na cantina da escola.

Muitos sonhos tiveram de ser postergados já que a mãe pensava no futuro, privando a filha de usar sapatos pretos de verniz no momento da compra: não havia, porém, mágoas ou ressentimentos por parte de Rina criança, tal como notamos no seguinte trecho jocoso:

> O vendedor mediu meu pé com uma forma de ferro contendo os números e disse à mamãe que eu calçava 28. Que número devo trazer?, perguntou. Papai disse 29 e mamãe disse 31, para que servisse para os três próximos anos, quando meu pé crescesse. Por fim, decidiram pelo número 30. O vendedor trouxe os sapatos de verniz preto, colocou uma grande quantidade de algodão dentro para não cair do meu pé e me deu para provar.

Os episódios da vida adulta de Rina são lembrados com mágoas e frustrações. Quando conhece o futuro esposo, em Israel, ela passa a adotar hábitos refinados e tomar atitudes que não condizem com seu temperamento e forma de encarar a vida. Ambos os personagens vêm de ambientes culturalmente diversos. O espanhol tem modos refinados, vive conforme as regras e convenções sociais, preso às ideias preconcebidas dos pais em relação aos outros. Rina sente que, paulatinamente, perde a espontaneidade com que fora criada e isso lhe causa muito desconforto. Na viagem que ela empreende para conhecer os futuros sogros, ela não se adapta às normas de etiqueta social que pautavam a vida deles. A irmã tenta convencê-la a mudar seus hábitos nas refeições, sugerindo que comesse de boca fechada, mastigasse antes de engolir e não confundisse os talheres de peixe com os de carne. "Você acha que o frango assado no meu prato vai se ofender se eu cortá-lo com a faca de peixe?", escreveu à irmã.

A entrevista de trabalho que realizou em Barcelona a deixou indignada porque o entrevistador dera primazia à limpeza e à ordem, desconsiderando a experiência prévia, como se ela fosse exercer a tarefa de faxineira, e não a de desenhista. Rina fora criada num ambiente de superstições e crendices contra o mau olhado:

> (...) mamãe se inclinou sobre mim e pronunciou sua oração mágica em iídiche, cuspiu em mim três vezes, tfu tfu tfu, e me fez repetir as palavras com ela, palavras em iídiche, que eu não entendia, e, no final deveríamos dizer amém e amém por todo o povo de Israel.

Esse mundo mágico, na acepção correta do termo, entra em conflito com o mundo aparentemente lógico e organizado do futuro marido. O conflito leva à dissolução do casamento e à derrocada da personagem. Rina nos coloca diante dos problemas da imigração, dos sonhos desfeitos, dos planos abortados, mas ressalta a extrema humanidade dos personagens em seus cotidianos e a inserção na sociedade israelense.

Rina Frank nasceu em Haifa, em 1951. É arquiteta, produtora de TV e escritora. Já traduzida para o italiano, francês, alemão, holandês e português. Toda Casa Precisa de Varanda *foi originalmente publicado em Israel, onde vendeu mais de 100 mil exemplares e, em 2005, foi o livro mais vendido depois de* Harry Potter. *A autora atualmente vive em Israel, com os filhos e o marido judeu de ascendência italiana.*

15. Ronit Matalon

15.1 The Sound of Our Steps

Imigração egípcia e seus percalços

Leniza Kautz Menda

> O som de seus passos todas as noites, noite após noite, por anos (...) Os passos, a aproximação, o retorno, a noite. O retorno à noite, após doze horas de trabalho. O regresso a casa, a sua entrada súbita. Ela irrompia pela porta da frente. Mas ela não estava à vontade, faminta após uma longa jornada fora de casa, saudosa do lar e cansada por manter a aparência fora do lar. O cansaço a corroía como ácido, um cansaço do corpo, mas, muito mais do que isso: o cansaço de manter a falsa aparência. Nós escutávamos as entradas dela; pela sua violência, nós conhecíamos cada detalhe, passo a passo. Embora ainda fôssemos pegos de surpresa. O pavor era a surpresa.
>
> MATALON, 2008

O trecho transcrito ilustra as condições de miséria enfrentadas por uma imigrante de origem egípcia, o seu árduo processo de adaptação na sociedade israelense nos anos 1950 e as sequelas impetradas nos filhos pelo caráter duro, violento e instável da mãe, Lucette.

Nesse romance de caráter autobiográfico, as memórias despontam pela ótica infantil de uma menina a quem todos chamam de "a criança". *El bint*, palavra árabe para designar "a criança" é um termo usado pela avó da menina, a Nona, como um gesto de carinho e lembrança de sua origem egípcia.

As condições de extrema pobreza dos imigrantes egípcios se refletem em suas moradias, espécies de barracões pré-fabricados doados pelo governo israelense na década de 1950, época em que houve uma imigração vultosa de judeus para Israel devido às perseguições nos países árabes. Essas moradias, extremamente frágeis, se localizavam nos arrabaldes de Tel Aviv, em terrenos arenosos e vulneráveis e estavam sujeitas a intempéries e a desastres provocados pelo fogo ou por explosão de gás:

> O barracão não tinha, de fato, nenhum alicerce. Ele simplesmente havia sido colocado nas dunas. Em algum momento do início da década de 50, chegaram os caminhões e descarregaram os barracões, montando-os aleatoriamente nas dunas de areia do campo transitório dos imigrantes. Quando eles se cansavam, simplesmente atiravam um barracão na areia e paravam o serviço.

Os barracões eram bastante precários e despersonalizados, visto que a absorção dos imigrantes ocorria sem que o governo israelense atendesse as necessidades individuais dos imigrantes. Maurice, o pai da menina, dá, no entanto, um toque de hilaridade que serve como alento para a trágica realidade vivida pelos deslocados:

> As areias eram as mesmas, e os barracões, todos iguais. Durante as longas e escuras noites, as pessoas se perdiam nas dunas e batiam em casas estranhas à procura de seus barracões. Muitas vezes, elas vagavam ou se perdiam até às três horas da madrugada. Foi quando Maurice chegou e teve uma ideia brilhante: todos os homens, os chefes de família, colocariam um mastro em seus telhados e hasteariam neles uma anágua ou camisola pertencentes a suas esposas. Assim, ninguém mais se perderia. .

O aspecto do espaço no romance *The Sound of Our Steps*, entendendo-o como tudo o que enquadra as personagens, adquire importância fundamental, pois, na medida em que se projeta sobre as personagens, revela dados essenciais a respeito de suas personalidades. Portanto, embora sendo uma moradia suscetível a intempéries e/ou desastres, constitui o espaço sagrado no qual vive Lucette e seus três filhos. Para ela, o barracão representava a extensão de sua vida, o local onde se refugiava após longas e árduas horas de trabalho e relaxava ao se alimentar frugalmente ingerindo pedaços de pão embebido no chá.

O cenário do barraco não representa um mero elemento de enquadramento da personagem, a exemplo do que ocorre nos romances românticos ou realistas do século XIX, em que o cenário funciona como pano de fundo, ou seja, algo estático, "fora" dos personagens. No desenrolar da ação, percebe-se uma singular interpenetração entre espaço e personagens, o que fica evidente pelos medos interiores da protagonista quanto à sua obsessão pela iminência do fogo ou de uma explosão de gás que constituiriam ameaças à estabilidade e segurança da família.

O barracão não representa simplesmente uma moldura para Lucette e sua família: Corine, Sammy, a menina e a Nona. O espaço se enreda neles, parecendo, por vezes, a sua razão de existirem enquanto personagens do romance, além de expor a miséria dos judeus egípcios *mizrahim*, a quem eram designadas profissões subalternas, tais como lavadeiras, faxineiras e empregadas domésticas.

A situação dos imigrantes também se reflete na própria perda da identidade e na sensação de estranhamento quando Lucette se vê coagida, em Israel, a trocar seu nome para outro tipicamente israelense - Levana. A mudança no nome da personagem implica o apagamento de suas raízes e a perda de sua autoestima. As privações sofridas durante o processo de imigração a transformam em um ser amargo e agressivo. Essa provedora do lar, que chega exausta em casa após lavar "quatrocentos pratos na cafeteria da escola Rosh Haáyin, caldeirões enferrujados de mais de vinte anos e empilhar trezentas cadeiras para o turno da tarde", descuida de sua aparência e recebe críticas de sua mãe, a Nona, pela perda de sua feminilidade e pela negligência consigo mesma. As críticas mordazes dirigidas à filha, Lucette, simbolizam a cisão entre o passado glamoroso no Egito e o presente desolador em Israel:

> Suas mãos se assemelham às de um homem. Nona disse: Mãos de homem, olhe para suas mãos, olhe as mãos que ela tem, como as de um homem. Eu deixei a verdadeira e doce Lucette no Egito. Quem era a verdadeira Lucette? Nona se lembrava dela, ou pensava que se lembrava: a boca que ela tinha, a língua dela - antes era tudo diferente. Ela nunca abria a boca da maneira como o faz agora! Aprendeu isso aqui. Ela parecia uma boneca linda

> de cuja boca exalava o mel. Não importava o que ela dizia - em sua boca havia somente mel. Sim, mamãe, não mamãe, só mel. E suas bochechas, sua pele! Nada se comparava à pele de Lucette: onde quer que fosse, iluminava todo o ambiente com o brilho de sua pele e as pessoas se voltavam para vê-la. Eles chamavam-na de "basbusa" na rua. "Basbusa", aquele bolo de manteiga e açúcar, tão inegavelmente doce.

Alguma coisa se perdera durante o processo de imigração: a feminilidade tinha sido sacrificada de modo brutal e, no cerne dessa feminilidade, estavam as mãos descuidadas sem nenhum vestígio de coqueteria. Nona acusava a filha, não só pelo fato de ter mãos masculinas, mas também pela falta de cuidados com elas.

Lucette fora mãe aos 16 anos de idade, no Egito. Os maus-tratos perpetrados pelo marido, aliados a um casamento sem amor, foram determinantes para que ela não tivesse instinto materno. Na verdade, seu comportamento em relação à maternidade se caracteriza pela ambiguidade: ela luta para suprir as necessidades das crianças, mas o sentimento amoroso deixa a desejar. No Egito, ela implorava para que a empregada trocasse de papel - em vez de cuidar dos bebês, tarefa para a qual não revelava inclinação, ela dava preferência à limpeza e às atividades culinárias. Em momentos de total honestidade, demonstra o medo que sentia quanto ao seu papel de mãe, especialmente pelo fato de ter abortado espontaneamente algumas vezes. Portanto, a criação dos filhos, especialmente a da menina-narradora, era relegada à avó - Nona, a qual exercia a "maternidade" com total apego e amor.

Numa das raras, senão única, fotografias tiradas com Maurice e a filha na Praça de São Marcos, na Itália, Lucette aparece como uma espécie de robô, sem nenhuma expressão, o que, no plano simbólico, constitui a metáfora de sua vida apagada e fragmentada entre os cuidados e a indiferença em relação à filha. No plano real, Lucette aparece como uma mãe protetora ao colocar sua mão à frente da menina para impedir que esta caísse. No plano imaginário, ela se sente redimida pelo despertar do instinto materno. O que prevalece, entretanto, é uma zona sombreada entre a realidade e a imaginação. Na medida em que a personagem se caracteriza como ambígua, percebe-se a impossibilidade de superação de sua condição problemática no que tange ao papel da maternidade.

Lucette se identifica com Marie Duplessi, a Dama das Camélias, livro escrito por Alexandre Dumas. A vida da imigrante egípcia guarda certa semelhança com a da personagem da cortesã francesa que gostava de se cercar de flores, mas, ao se sentir mal com o perfume destas, cultivava as camélias, sem aroma, para enfeitar a casa. Lucette cultiva rosas de diferentes espécies; nenhuma delas, porém, vinga sob os seus cuidados. Esse elemento da flor, reiterado em alguns capítulos do livro, traz uma implicação mais profunda, pois se relaciona à análise do real sob uma perspectiva crítica. O insucesso no cultivo dessa flor simboliza a frustração da própria vida de Lucette no contexto árido em que vivia.

O imigrante, no processo de aculturação, enfrentava barreiras com o uso da língua. Enquanto "a criança" tinha vergonha do árabe e do francês falados em casa, a mãe demonstrava inúmeras dificuldades na aprendizagem e na assimilação do hebraico. Naturalmente, o domínio precário da língua hebraica constituía um empecilho para a ascensão social da personagem Lucette:

> Sua escrita defeituosa, atormentada pelas letras hebraicas. A vergonha dela pela escrita defeituo-

> sa. À noite, com o chá embebido no leite, o aquecedor elétrico ao pé da cama, a fatia de pão imersa no chá leitoso. Mal havia tirado os sapatos de trabalho e as meias curtas, e já pensava no dia seguinte: os cheques pré-datados, as contas a pagar, uma dívida vencida. A cabeça acinzentada se dobrando sobre o talão de cheques, a mão agarrando a caneta como se nunca a tivesse pegado antes, escrevendo as cifras nos espaços e, subitamente, parando, refletindo e esperando que as letras se revelassem. "Venha e escreva esses cheques para mim", ela finalmente me pediu sem cólera ou impaciência, mas em completa submissão. Ela assinava na parte inferior do cheque: intervalos de ar separavam cada letra desajeitada. A brecha entre as letras, o espaço em branco que ela deveria deixar cuidadosamente entre elas, era o seu reconhecimento da língua estranha, de sua singularidade: em francês, as letras se juntam por si.

O personagem Maurice desempenha um papel preponderante na narrativa: ele poderia ser o esteio do lar, mas aparece e desaparece quando bem quer. Lucette tem um sentimento ambivalente em relação a ele, pois lhe devota amor e ódio simultaneamente. Tudo que diz respeito a Maurice se apresenta de modo oculto ou parcialmente revelado. Em suas aparições, demonstra amor e consideração pela família; no entanto, esconde segredos indecifráveis. A esposa o compara a uma cobra, utilizando termos em árabe para expressar a imagem venenosa associada a ele: "Sobre Maurice, ela às vezes diz que ele é uma espécie de cobra, em árabe (*elthaaban*)". O recurso estilístico usado para caracterizá-lo, em forma de verso, reitera a imagem nefasta de Maurice aos olhos da mulher:

> Ele e seu lisan elhilweh.
>
> Ele e seus ternos de ponta, o Omar Sharif, o bigode do Doutor Zhivago.
>
> Ele e sua mãe demente.
>
> Ele e seu pai vigarista.
>
> Ele e sua irmã abandonada e infeliz.
>
> Ele e sua nobreza.
>
> Ele e seus amigos criminosos.
>
> Ele e seus amigos importantes.
>
> Ele e seus gestos extravagantes, grandiosos.
>
> Ele e sua política.
>
> Ele e seu egoísmo ilimitado.
>
> Ele e suas deserções.
>
> Ele e as mulheres que teve e não teve.
>
> Ele e a catástrofe iminente - a catástrofe dele mesmo e a que ele infligia aos outros.

Maurice demonstra seu desprezo diante da vivência em Israel como um judeu oriental (*mizrachi*), marginalizado pela filosofia e pela política dos *ashkenazim*. Tenta fundar seus próprios partido e jornal com o intuito de lutar pelos direitos dos judeus imigrantes dos países árabes, discriminados pela elite europeia branca formadora do Estado de Israel. Por intermédio desse personagem arrogante e multifacetado, a narradora denuncia, de forma humorística, a intolerância e a hostilidade direcionadas aos judeus dos países orientais:

> Assim que saiu do navio em Haifa, ficou obcecado pelos problemas dos mizrahim - desde o momento em que desembarcamos. Discriminação. Ele estava certo, mas não fazia nada sensato, ele estragava tudo. Quem não viera a nossa casa para falar com ele? O próprio Yigal Allon, o Ministro do Trabalho. Mas Maurice não se endireitava. Eles deram a ele um emprego maravilhoso no Ministério do Trabalho, colocaram-no no topo devido a seu nível educacional e modo de falar. Então, o que ele fez? Protestou do lado de fora do Ministério. "Pão e trabalho". Eles o demitiram. Como você pode agir dessa forma?, perguntei a ele. Você não sabe que em primeiro lugar está o pão que você traz para casa? Meus princípios, ele disse. Seus princípios? Nada era suficientemente bom para ele a não ser o cargo de Primeiro-Ministro. Primeiro-Ministro, é o que Sua Majestade queria ser.

Maurice tem um papel importante dentro da organização sociopolítica da Suhba. Por melhores que fossem suas intenções na luta pelos direitos dos imigrantes originários dos países árabes, ele lutava contra uma liderança importante encabeçada por Ben Gurion que privilegiava os judeus sionistas, brancos e europeus que fundaram o Estado de Israel em detrimento dos *mizrachim* e dos judeus sefaradim, a quem atribuíam valores como a falta de competência, de organização e de coragem e o nível cultural precário. Esses preconceitos enraizados foram responsáveis pelo fechamento de muitas organizações étnico-sefaradi que representavam e lutavam pelos direitos dos judeus provenientes dos países árabes.

Maurice, assim como Lucette, é uma personagem atormentada e dividida que teve de abrir mão de um passado mais frutífero nas terras do Egito. Maurice fora criado nas ruas e cafés do Cairo e, quando chega a Israel e se defronta com a discriminação e os preconceitos contra sua comunidade, demonstra indignação e revolta, principalmente na Guerra dos Seis Dias, quando presencia a retirada dos soldados egípcios, que fugiram deixando seus sapatos para trás. Demonstra indignação contra a política militarista de Ben Gurion. Sua forma de protesto constitui uma interpelação aos ideais democráticos que vigoravam em Israel.

Ronit Matalon retrata, nesse lindo e humanista romance autobiográfico, as mazelas pessoais e familiares impingidas aos imigrantes *mizrachim* no Estado de Israel. A demonstração de intolerância diante dos grupos minoritários causa-lhes prejuízos irreversíveis, impedindo sua integração na sociedade israelense.

Ronit Matalon nasceu em Ganei Tkiva em 1959 e faleceu em 2017 em Haifa. Entre seus livros mais importantes, estão* And the Bride Closed the Door, The Sound of Our Steps *e* The One Facing Us. *Seus livros foram traduzidos para diferentes idiomas, tendo ganhado o prestigiado Prêmio Bernstein em 2009. Matalon foi professora de Literatura Comparada e Escrita Criativa na Universidade de Haifa.

16. Rutu Modan

16.1 A Propriedade

Resgate do passado durante a Segunda Guerra

Ida Bochernitsan

Diversas são as maneiras de falar sobre as perdas humanas, materiais e emocionais sofridas durante e após o *Shoa*.

Rutu Modan utilizou uma forma original de transmitir o desejo de uma velha senhora de retornar ao seu lugar de nascimento, Varsóvia, para retomar uma antiga propriedade tomada pelos nazistas na Polônia invadida.

Ao utilizar quadrinhos, a autora transmite, de forma extremamente criativa, a busca pelo passado destruído, a transmissão da história para a continuidade desta; seu estilo envolve segredos, interesses e muita sagacidade. Podemos encontrar neste livro humor, drama, romance, ganância; tudo isso na sutileza do desenho gráfico e dos diálogos.

Nossa autora nasceu em 1966, em Tel Hashomer, Israel. Formada pela Academia de Arte e Design Bezalel, de Jerusalém e, por meio de cores, desenhos e muita imaginação, transporta-

-nos para um mundo onde drama e comédia, passado e presente se sobrepõem.

A Propriedade conta a história de Regina Segal que, com a morte recente do filho, se atira numa aventura em Varsóvia com a neta Mica, em busca de um imóvel de sua família perdido durante a 2ª Guerra Mundial. Ao longo da história, veremos que esta é apenas uma parte da verdade e muitos segredos serão revelados.

A Varsóvia encontrada por Regina é outra, está completamente mudada, a cidade de sua lembrança não existe mais, dando lugar a uma cidade moderna, efervescente. Porém, essa idosa não tem intenção apenas de encontrar sua propriedade perdida, em seu coração existe o desejo de rever alguém que ficou no passado. Essa busca revelará alguns segredos guardados por muitos anos. O passado está na figura de Regina e o presente e futuro, em Mica, com sua juventude e curiosidade naturais. A teimosia da velha senhora já aparece em seu embarque quando, ironicamente, se nega a obedecer às regras impostas pelos aeroportos, recusando-se a abandonar uma garrafa de água.

Podemos prever uma difícil viagem: um grupo de jovens adolescentes que visitarão os Campos na Polônia pensam estar fazendo uma viagem à Disney; o desconhecimento quanto ao que verão e as atitudes desrespeitosas e de má educação afetam os demais passageiros. Um novo personagem surge durante o voo, Avram, um cantor muito interessado em informações sobre a propriedade de Regina.

A história é retratada, a cada dia, num enredo de situações hilárias, muitas vezes divertidas, muitas vezes dramáticas. São muitos sentimentos envolvendo a velha senhora que, dissimuladamente, inventa para a neta diferentes desculpas para escapar sozinha do hotel. Sua busca não se resume apenas à propriedade de sua família.

A jovem Mica, livre de preconceitos ou memórias desagradáveis, faz um novo amigo, ironicamente um rapaz não judeu, Tomasz, que trabalha como guia visitando lugares judaicos de Varsóvia e cuja companhia facilita Mica a escapar da presença desagradável de Avram que busca, interessadamente, descobrir sobre a propriedade, a qual pensa ser também de sua namorada. O encontro de Mica com Tomasz sugere uma possível reconciliação entre os judeus e os poloneses, jovens em seu futuro criando um mundo sem barreiras nem preconceitos.

Por sua vez, Regina tem em mente um destino que a levará ao encontro de algo ou de alguém que habita seu passado. Chegando ao seu destino, realmente revê alguém que lhe foi caro e as lembranças de uma gravidez, resultado de um amor impossível, retornam à sua mente. O bebê nasce em Israel, sem que o verdadeiro pai saiba, numa nova vida com a esperança de um mundo melhor.

Ao encontrar seu antigo amor, Roman esclarece e relembra o acordo feito com os pais de Regina para que o apartamento não fosse confiscado pelos alemães: a propriedade fora colocada em seu nome.

A proposta de uma vida juntos não surte efeito em Regina que não acredita que possam recomeçar. Porém, com o resgate da verdade, tudo fica esclarecido e o alívio toma conta do casal. A despedida é selada pelo sinal do casal na juventude com a certeza de que o passado será sempre lembrado, mas o futuro reserva dias melhores.

O retorno para Israel é tranquilo. Os adolescentes, buliçosos na ida, estão quietos; na volta, impactados com as imagens dos campos, não ousam se manifestar.

Ida Bochernitsan se formou na Faculdade de Meios de Comunicação Social, com foco em Relações Públicas. Tem forte atração pela literatura, em especial pelos escritores israelenses.

17. Sara Shilo

17.1 The Falafel King Is Dead

Imigração egípcia em Israel

Leniza Kautz Menda

> A cidade perdeu o seu famoso "rei do faláfel", mas a família Dadon também perdeu um pai e um marido. Convivendo com as ameaças diárias dos ataques dos mísseis do vizinho Líbano e lutando para sobreviver entre os escombros de suas vidas, Simona e seus seis filhos, cada um encontra uma maneira de lidar com suas desgraças, seus medos e suas esperanças.
>
> SHILO, 2012

A obra de Sara Shilo, *O Rei do Faláfel Está Morto*, expõe as mazelas dos imigrantes marroquinos e as etapas de sua ascensão à sociedade israelense. Embora eles tenham sido acolhidos e absorvidos por essa sociedade, muitas vezes eram discriminados: a sociedade os via como "primitivos", uma vez que sua cultura era considerada inferior à cultura ocidental, branca e *ashkenazi* predominante no país. Os próprios meios de comunicação se referiam a eles com expressões pejorativas, visto que, em seus países de origem, eram chamados de "judeus" e, em Israel, considerados marroquinos ou *mizrahim*, ou seja, judeus orientais, expressões de cunho difamatório.

A personagem principal da narrativa é uma marroquina de origem oriental - Simona Dadon, que havia enriquecido, pois seu marido, o "Rei do Faláfel", administrara o pequeno negócio com habilidade e conhecimento dos gostos e das preferências de seus clientes pelos faláfeis vendidos em sua loja. Após a morte do marido dentro do próprio estabelecimento comercial, uma morte envolvida em mistério (tanto poderia ter sido por uma mordida de abelha como por um enfarto fulminante), Simona se sente em frangalhos e seu único desejo era morrer:

> As pessoas pensam que Mas'oud está morto, e eu viva. Isto está totalmente errado! Assim que ele morreu, eu me senti em frangalhos. Mas Mas'oud está vivo e eu estou morta! Tudo acabou para mim com a sua morte. Todo mundo o conhecia como o rei do falafel, e eu era a sua rainha. E agora? Eles ainda falam sobre ele. Ele sempre será um rei. Ninguém pode substituí-lo. E eu? Onde eu estou? Meus dias como rainha há muito tempo terminaram.

A morte do patriarca da família afeta, de formas diversas, todos os seus integrantes. Simona, a mãe, relega os filhos a um plano secundário e os abandona num abrigo antiaéreo durante uma das guerras em que as *Katyuschas* eram lançadas continuamente pelos árabes em território israelense. Ela perde a noção de tempo e espaço e sente que, se fosse atingida pelas armas bélicas, sua vida finalmente encontraria um sentido e ela se libertaria das árduas tarefas cotidianas:

> Simona está parada na grama, a cabeça girando desvairadamente. Por que esta noite é diferente das outras noites? Porque em todas as outras noites Simona faz uma tarefa atrás da outra. Hoje à noite, hoje à noite, Simona aguarda a Katyuscha que vai levá-la. Ela chama o Anjo da Morte, mas é o Anjo da Loucura que vem em seu lugar. As pobres crianças. Pelo menos se eu morrer, elas conseguirão um pouco de honra e algum dinheiro, pois terei morrido num ataque de Katyuscha. Nesse país, aquele que consegue ser morto por um árabe é honrado como um rei. Se você enlouquece, por outro lado, sua família inteira fica arruinada. Quem vai querer casar com Etti se dizem por aí que sua mãe é "mahbula?"

A morte de Mas'oud repercute em Kobi, o filho mais velho. Ele assume o papel do pai da família, iludindo os gêmeos que nascem após a morte do patriarca; as crianças crescem na ilusão de que Mas'oud era seu avô que havia morrido na guerra. Estamos diante de uma mentira ou segredo familiar que poderia causar sérias sequelas nos irmãos gêmeos (Oshri e Chaim). Kobi não se sente no papel de pai; apesar de dormir com a mãe, forma de disfarce para as crianças, ele obviamente não consegue se dirigir a ela como mãe. Etti, a filha mais velha, por sua vez, reflete sobre o momento em que a mentira se instalou na família e foi recrudescendo à medida que os bebês cresciam:

> Eu examinei a nossa mentira. Cara a cara. Ninguém a inventou. Ela nasceu por si mesma. É o tipo de mentira que não esconde um segredo por si mesma. Ela entrou em casa, ficou em pé, e disse: Eu sou a mentira. Acho que vocês me convida-

> ram? Então ela ficou tão animada e confusa que quase caiu da escada, daí a conduzimos para dentro do apartamento, fechamos a porta e ficamos ao redor dela num círculo. "Pare de fazer tanto barulho", dissemos para ela. "Sabemos que você não é a verdade. Nós não temos que gritar. Todos sabemos quem você é e por que está aqui".

A mentira é retratada por Etti como uma personagem que faz parte da família. Etti, porém, se recusa a acreditar nela e prefere dar outro final para a história familiar, um final mais feliz, um final de trás para frente, um final em que o nascimento dos gêmeos fora festejado como uma bênção, e não como consequência da morte do pai.

A guerra é um elemento onipresente ao longo da narrativa. A autora descreve o cenário belicoso em meio ao lançamento intermitente das *Katyuchas* no norte de Israel e a necessidade de as pessoas se refugiarem nos abrigos antiaéreos para se salvarem. O alarme das sirenes é o estopim que muda completamente a rotina dos cidadãos israelenses: todos devem sair de modo apressado das escolas e das creches; muitas famílias pegam algumas malas e buscam refúgio na casa dos parentes ao sul de Israel e a maioria foge do perigo ocultando-se nos *bunkers*. O efeito das *Katyuchas* nas pessoas é devastador visto que os danos físicos e psicológicos são, muitas vezes, irreversíveis:

> Nós ouvimos tudo: a irrupção de longe. As Katyuchas caindo aqui, estrondos sônicos. Até mesmo podemos precisar onde as Katyuchas caem, zumbindo no meio do ar. Após alguns dias de Katyuchas, meus ouvidos cansados ficam confusos. Se uma porta bate com o vento dois dias após o cessar-fogo, você pensa que é uma Katyucha. Você

> pula a cada mínimo barulho. Até mesmo um rádio ou o latir de um cão soa como um carro com alto-falante mandando que você se refugie num abrigo. Sem mencionar os vilarejos árabes atirando no ar para celebrar um casamento. Você quer mandar seus ouvidos para um hospital psiquiátrico até que voltem ao normal.

Sara Shilo, por intermédio da personagem Simona, reflete sobre a guerra e seus efeitos devastadores. A autora usa uma imagem metafórica para se referir ao abrigo antiaéreo, comparando-o a um monstro que engole as pessoas num misto de terror e desespero:

> O monstro começou a se mover, classificando-se em famílias. Seus membros se despedaçando e se derretendo em seis andares de escuridão, clamando pelos nomes das crianças ausentes, implorando por elas. Os ecos dos nomes subiam e desciam pela escada como um elevador fora de controle, atingindo o monstro na cabeça.

A metáfora do monstro, prestes a engolir as pessoas que se refugiavam no abrigo, expressa bem o desespero de os pais perderem os filhos em meio à confusão do refúgio, a falta de ar que os acometia no ambiente confinado, bem como as sensações de peso no estômago diante da catástrofe iminente.

Simona viera do Marrocos, país em que a situação e a educação das mulheres estavam imbuídas de preconceitos e regras morais a serem seguidas. Ela aprendeu, com a mãe, a avó e as tias, o peso do silêncio. Ninguém poderia ver o seu ciclo menstrual, as pernas nunca poderiam ficar abertas a não ser no dia do casamento quando ela seria possuída pelo marido/macho ou no dia de dar à luz. A mulher, portanto, era submissa ao elemento masculino. Em Israel, na condição de imigrante, sua vida não se diferenciou daquela que tinha no Marrocos. Ela se tornou dependente de Mas'oud e sua vida ruiu por ocasião da morte do marido.

A personagem Simona, movida pelo desejo de ascensão social devido ao negócio exitoso do marido com a venda de faláfeis, planeja uma festa de *Bar Mitzvá* para seu filho mais velho, Kobi, que depois se tornaria o suposto pai da família quando atingisse a maioridade. Os detalhes, ornamentos e preparativos para a solenidade religiosa são expressos numa linguagem recheada de hipérboles, com muito humor e ironia:

> Naquele dia, eu os tratei como se trata a realeza, todos, sem exceção. Eles jamais haviam sonhado com tanto luxo. Se você nunca viu tal coisa na vida real, como você pode sonhar com ela? Eu contratei quatro ônibus: um para trazer a família de Mas'oud e seus amigos do Moshav e, de lá, conduzi-los à cidade. Os ônibus estacionaram perto do local da festa para que as pessoas não precisassem caminhar muito. Eram ônibus turísticos, não de linha. Dentro deles, o cheiro de limpeza lembrava que eles estavam dentro de um palácio. Ninguém queria que a viagem terminasse porque parecia que estavam num avião. Havia bebidas e uma mistura de nozes e frutas, além de chocolates caríssimos. O que faltava? Nada. O rádio tocava músicas durante todo o trajeto e, um a um, se sentavam perto do motorista contando piadas ao microfone e comendo sementes de girassol.

Quando chegaram ao local da festa, viram o lugar mais lindo que jamais haviam visto em suas vidas.

No hall de entrada, em cada lado dos degraus de mármore, havia duas fontes de água. Lá dentro duas moças prendiam, com alfinetes, uma flor vermelha em cada convidado. Havia espelhos por toda a parte; era como se os convidados houvessem se multiplicado em mil para lembrá-los de como estavam atraentes e impecáveis naquele dia. As pessoas brindavam com as taças o "le-chaim" e miravam no espelho o modo como seguravam as mesmas.

E a comida? Nós encomendamos os melhores pratos. Não era frango, mas sim carne com quatro acompanhamentos e dez tipos de saladas. Pagamos 300 shekels por pessoa, o que era muito dinheiro naquela época. Todos os cheques-presentes recebidos e reunidos não cobririam nem um terço da festa. Esqueça isso! Foi uma festa muito diferente das que eles jamais haviam visto. Mesmo assim, nunca poderiam saber o quanto ela custara.

Eu ainda vejo o Bar Mitzvá na minha frente, todo mundo rindo, dançando. Por que eles tinham de trazer o "mau-olhado" com eles? Nós fizemos com que cada homem se sentisse um rei e, cada mulher, uma rainha.

Não podemos nos furtar de rir diante desse espetáculo patético de ostentação e dispêndio de dinheiro. A ascensão da "nova rica" e o desejo de adaptação às altas esferas é um traço comum na sociedade capitalista e burguesa - nesse sentido,

Israel não é exceção. Os intentos da personagem, no entanto, são frustrados devido ao fato de ela não conseguir se livrar da ignorância enraizada em seu ser: o poder ilusório do "mau-olhado", algo totalmente isento de racionalidade. Torna-se mais fácil e cômodo atribuir seus infortúnios a crendices medievais, a superstições arraigadas em seu ser e trazidas do seu país de origem a se arriscar a encarar a morte do marido como resultado de causas naturais. A personagem se desintegra e não consegue recompor a vida anterior à sua morte. Ela se considera vítima da fatalidade, fruto da pobreza de espírito e da ignorância.

O humor, na obra de Sara Shilo, resulta de nossa empatia diante dessa personagem patética, digna de piedade que vive ameaçada pela guerra, lançamento de *Katyuchas* e o desejo da morte como forma de libertação.

Sara Shilo nasceu em Jerusalém e, atualmente, vive numa pequena cidade no norte de Israel. Escreveu vários livros para crianças.* The Falafel King is Dead *é o seu primeiro livro para adultos e ganhou muitos prêmios, entre os quais o da Universidade de Tel Aviv, o Prêmio Sapir, o Prêmio do Ministério da Cultura e o Prêmio Wiener.

18. Sarit Yishai-Levi

18.1 The Beauty Queen of Jerusalem

Saga da família Ermosa

Leniza Kautz Menda

> Ainda ecoavam em minha mente as palavras de Nona Rosa sobre o destino das mulheres de nossa família, sua crença de que os homens que elas amavam não as amavam. Nunca pensei que minha vida seria igual às vidas infelizes das mulheres Ermosa (...) Num instante, decidi que voltaria a ser Gabriela Siton, a garota que havia jurado que nunca seria como Rosa e Luna, a jovem mulher que decidiu quebrar a corrente de mulheres infelizes de nossa família. Mas seria possível quebrar o elo quando o sangue delas fluía em minhas veias?
>
> YISHAI-LEVI

The Beauty Queen of Jerusalem é uma saga familiar de mães e filhas, de segredos, de histórias contadas e não contadas e de laços que unem quatro gerações da família Ermosa.

A ação do romance ocorre durante os domínios turco-otomano e britânico na Palestina, períodos estes em que o povo judeu enfrentou as mais diversas adversidades, tais como prisões, intimidações, toque de recolher, boicote aos imigrantes ilegais e o acirramento do confronto com os árabes. Todos esses percalços provocaram o surgimento de inúmeras organizações clandestinas para a defesa do povo.

Na vida real, houve confrontos entre árabes, judeus e ingleses. O historiador Marcelo Szpilman menciona que, em 1946, os integrantes do grupo Stern, em uma ação de terrorismo extremado, mataram a sangue frio seis paraquedistas britânicos enquanto estes dormiam. Como revanche, os britânicos atacaram a Agência Judaica e prenderam 2.718 judeus. O Hotel Rei David, em Jerusalém, sede de parte da administração britânica, também sofreu sérios danos e houve um grande número de feridos e mortos (SZPILMAN, 2012, p. 256-7). Esse atentado foi presenciado pelos habitantes de Jerusalém, entre os quais se encontrava Luna Ermosa.

O romance é fascinante, pois narra a história de uma família sefaradi fictícia, que poderia ser real, entremeada aos fatos históricos que precederam a Partilha da Palestina e a criação, em 1948, do Estado de Israel. Durante esses períodos históricos, o povo hierosolimitano passou fome em meio às constantes pilhagens de alimentos. Os lares eram providos somente com o necessário: pão, verduras e um frango para o *Shabat*. A família Ermosa perdeu poder aquisitivo com a venda do próspero negócio do avô, Nono Gabriel. Caso a venda não tivesse sido efetuada, o clã teria morrido de inanição.

A sina das mulheres começa com Nono Gabriel que foi forçado, por seus pais, a se casar com a órfã Rosa numa tentativa de esquecer a mulher dos seus sonhos, a ortodoxa *ashkenazi*,

Rachel Weinstein, residente do bairro Mea Sharim, que jamais seria aceita pela família sefaradi de Gabriel. O preconceito enraizado na família em relação ao casamento misto se tornou um empecilho para a felicidade do futuro casal Gabriel e Rosa. Os judeus de origem *ashkenazi* sofriam na adaptação a Israel, pois não falavam nem a língua árabe nem o espanhol.

Nona Rosa, doméstica na casa dos britânicos, pobre e sem pedigree, passa a exercer a função de esposa e guardiã do lar cuja única função era a procriação. O casal tem três filhas, que resultam da obediência ao mandamento bíblico e da necessidade de procriação: Luna, Rachelika e Becky. A esposa se ressente da falta de demonstração do amor do marido; embora ela não fosse desprezada por ele, não havia nenhuma demonstração de afeto por parte do cônjuge. A família, no entanto, demonstra certa estabilidade no dia a dia e no compartilhamento das comidas sefaradis nos *Shabatot* na casa dos avós, um misto de sensações olfativas e sabores deliciosos ao paladar: *halvah*, *huevos haminados*, *burrequitas*, pudim de arroz, *kiiflikas* com *queso*. O mercado de especiarias da família Ermosa tinha um apelo sensorial com o aroma do frango queimado, o cheiro do pão assado no *tabun*, o doce odor do suco de tamarindo e o próprio cheiro das pessoas que por ali circulavam.

Luna, a filha mais velha, é uma das personagens centrais da narrativa. Sua beleza era estonteante e, por essa qualidade, ficou conhecida como a bela de Jerusalém. Vaidosa e egocêntrica, gostava de andar bem vestida, de acordo com as revistas da moda, e trabalhava numa loja fina de vestuário feminino. Fascinada pelo cinema, adorava assistir a filmes românticos cujos galãs eram Paul Newman e outros atores e atrizes de Hollywood.

Luna se casa com David, jovem que retornara da missão na Itália. Ambos pensam estar apaixonados, mas o enlace resulta em fracasso. David imaginara que, casando-se com Luna, poderia esquecer a sensual e bela Isabella, moça que conhecera em Veneza e por quem se encantara perdidamente desde o primeiro momento em que a vira andando de bicicleta pelos canais da cidade.

A união entre David e Isabella resulta num interdito, ele, sendo judeu, jamais poderia se unir à jovem católica italiana, o que seria expressamente contrário à vontade dos progenitores de David. Frustrado e infeliz, ele pensa que, casando-se com Luna e formando um lar judaico, poderia esquecer Isabella. Mera ilusão!

Luna sonhava com um cavalheiro montado num cavalo branco, um príncipe encantado. "Primeiramente, ela pensou que poderia ouvir sinos, mas logo os sons dos sinos se transformaram num martelo batendo em sua cabeça" (YISHAI-LEVI). Suas ilusões, porém, foram extintas desde a lua de mel, quando David se mostrou um homem frio e incapaz de amar a esposa com o mesmo ardor com que amara a italiana.

Por sua vez, Luna se sente frustrada, uma pessoa fria e calculista, incapaz de amar e demonstrar amor pelo marido. Quando nasce Gabriela, a filha do casal, Luna não consegue exercer a maternidade, transferindo esse papel para a mãe Rosa e as suas duas irmãs, Rachelika e Becky.

O relacionamento entre mãe e filha é praticamente inexistente, uma reincidência da relação que Luna tivera com a mãe Rosa. Tanto Luna como Gabriela se ressentem da falta do amor materno e transformam-se em pessoas frias e problemáticas.

Luna é gravemente ferida numa explosão em Jerusalém, perto do Hotel Rei David; mais especificamente, na junção de Jaffa Road e a Rua King George. Ela sobrevive ao acidente, mas teve de permanecer muito tempo hospitalizada. No hospital, onde havia muitos feridos, ela conhece Gidi, um jovem que ficara paralítico após o atentado. Ele se torna o grande amor de sua vida. Quando ela retorna ao lar, passa a ter uma vida dupla: um convívio gélido com o marido e a filha e uma relação calorosa em encontros furtivos com Gidi.

Durante a vida, Gabriela se manteve arredia à mãe; somente após a morte de Luna, a jovem consegue, por intermédio das tias, enxergar a mãe sob uma ótica mais humana e sensível:

> Minha mãe teve uma vida dupla. Por um lado, ela era esposa, mãe de duas crianças, eu e meu irmão, e, por outro, tinha o coração partido, que nunca se recuperara da morte de seu verdadeiro amor. Subitamente, passei a ver minha mãe sob uma ótica diferente: humana, vulnerável, mal compreendida. E, estranhamente, fiquei serena.

A paz interior é conquistada quando Gabriela vai ao cemitério visitar o túmulo da mãe. É uma cena de muita emoção quando a filha demonstra vontade de estar só com a mãe para poder abraçá-la na pedra fria do seu leito de morte: "Eu queria abraçá-la na morte como ela nunca me deixou abraçar em vida, queria fazer as pazes com ela, me livrar da dor em meu peito" (...) "Gabriela põe o batom do mesmo modo que a mãe o fazia e beija o túmulo".

A jovem Gabriela nunca tentou amar alguém de verdade, visto que se sentia presa ao mantra familiar. Ela abandona o homem a quem amava para que a sina da família Ermosa não se repetisse com ela:

> As palavras de Nona Rosa sobre o destino das mulheres de nossa família, passando de uma ge-

> ração a outra, sua crença de que os homens que elas amavam não as amavam, soavam em minha mente (...) Nunca pensei nas vidas infelizes dessas mulheres; durante toda a vida tentei escapar do destino de Mercada (a bisavó), Rosa (a avó) e Luna (a mãe).

Com a volta do seu amor, há uma quebra da corrente. Gabriela, finalmente, ama e será amada.

Um romance que exala cores e sabores, enriquecido pelas expressões em ladino, entre elas: *wai de mi sola*, *pishcado y limon* e tantas outras. Uma narrativa em que as mulheres sofrem por amores não correspondidos, relações interditas por preconceitos, ligações difíceis entre mães e filhas, entremeada pelo panorama sociopolítico num capítulo importante da história de Israel. Uma narrativa de esperança a partir do relacionamento amoroso da jovem Gabriela Ermosa, filha de Luna, a bela rainha de Jerusalém.

Sarit Yshai-Levi é jornalista e autora de quatro livros de não ficção. Seu romance de estreia,* **The Beauty Queen of Jerusalem**, *foi um best-seller, tendo obtido o Prêmio Steimatzky no ano em que foi publicado em Israel. O romance foi filmado pela Netflix. Atualmente, Sarit mora em Tel Aviv.

19. Shani Boianjiu

19.1 O Povo Eterno Não Tem Medo

Mazelas do Exército Israelense e juventude

Gustavo Melo Czekster

Como ser jovem em um mundo atravessado por guerras?

Um leitor abnegado - ou mesmo o leitor comum, aquele que, para Virginia Woolf, é a pessoa mais importante da literatura, pois aprecia a obra sem o olhar técnico do crítico literário - pode acreditar que existem inúmeros tipos de romances, dependendo da abordagem usada para catalogá-los: pode pensar em histórias escritas em primeira ou terceira pessoa, em termos de quantidades de conflitos ou de personagens, em gêneros textuais, se o romance é fechado ou aberto, se é progressivo ou analítico, e outras categorizações que pretendem exaurir um formato cujo maior segredo é nascer a cada primeira frase e morrer em cada final, tudo para renascer em outro romance, e assim por diante. No entanto, talvez a melhor divisão entre tipos de romances seja a descrita por Umberto Eco em *Seis Passeios pelos Bosques da Ficção*: existem narrativas em que o autor simplesmente dispõe a trama e os personagens diante dos olhos do leitor, que passa a acompanhar os desenvolvimentos como se estivesse observando outras vidas a partir da posição privilegiada de espectador, e existem aquelas narrativas em que o autor segura a mão do leitor e o faz mergulhar no bosque da trama, mostrando caminhos, possibilidades, clareiras, recônditos na penumbra, armadilhas, obstáculos. Existem ótimos – e péssimos – romances de ambos os tipos, mas tudo depende da qualidade da experiência estética que o leitor terá, ou seja, da habilidade do autor ou da autora de criar a sua "imitação de mundo" e fazer o leitor se embrenhar nela.

O romance *O Povo Eterno Não Tem Medo*, da autora israelense Shani Boianjiu, pertence ao segundo tipo, e isso em boa parte decorre da posição da autora de não se submeter a um narrador único, mas a uma miríade de vozes narrativas, inicialmente concentradas nas três protagonistas – Yael, Avishag e Lea –, as quais logo abrem o leque para outras interferências narrativas e, até mesmo, para um narrador onisciente que surge em alguns momentos. No desejo de pintar o quadro completo do que pretende contar, Boianjiu entende o romance na sua versão mais moderna, subvertendo o jugo do narrador único e considerando a polifonia como a única forma aceitável de dar conta da multifacetada realidade em que vivemos. Para fazer isso, um narrador ondulante, que se amolda ao que pretende contar, permite que o livro ceda a uma espécie de mosaico narrativo, em que as múltiplas vozes e pontos de vista se diluem entre si, gerando a impressão de que não existe alguém que conta a história, mas uma história que se narra por si própria, a qual o leitor acompanha um pouco de arrasto, guiado pelo seu fluxo como um barco descendo as corredeiras de um rio bravio. Recuperando a noção de Umberto Eco, Shani Boianjiu pega o leitor pela mão, entra no bosque e o conduz por rotas alternativas, inesperadas, às vezes correndo, em outros momentos de modo mais plácido, e ocasionalmente até soltando a mão do leitor e forçando-o a correr por alguns breves segundos sem o conforto de um guia, que logo volta a ampará-lo. Como se pode ver, é uma forma de narrar muito arriscada, e não surpreende que, em alguns momentos, a autora pareça perder fôlego, fazendo com que os narradores se confundam e percam-se, mas logo ela consegue recuperar o fio da meada: quem nos garante que Teseu também não se viu perdido enquanto seguia o rastro do Minotauro no labirinto, sentindo-se repleto de glória ao reencontrar a direção? Com grandes apostas, o risco é igualmente alto, mas o saldo final - aquilo que realmente interessa ao leitor, vou continuar lendo o livro até o fim ou me perderei de tal forma no meio que desistirei? - ainda é positivo, e os momentos de confusão são suplantados pelo carisma das personagens principais e pela curiosidade que elas despertam.

Em um resumo apertado e insuficiente, *O Povo Eterno Não Tem Medo* narra a história de três jovens mulheres que prestarão o serviço militar obrigatório de 2 anos em Israel e, durante esse período, em meio ao tédio, passam por uma série de experiências que levarão ao seu amadurecimento. É um romance que retrata a passagem da adolescência para a fase adulta, mas mostra como isso ocorre para mulheres que, não bastando enfrentarem medos, angústias e descobertas próprias do seu desabrochar, estão sob a constante ameaça de uma guerra que pode - ou não - acontecer a qualquer momento. É interessante observar a forma como a autora acrescenta a guerra à explosiva equação de jovens em meio a um processo de amadurecimento, tratando-a como algo natural, quase como um pensamento rotineiro, uma nuvem sombria que paira sobre o dia a dia e sobre as pequenas aventuras de Yael, Avishag e Lea, refletindo, assim, a maneira pela qual a possibilidade constante de um conflito pode se relacionar com o espírito e os pensamentos do povo israelense. Não existe mais assombro, terror ou indignação com o clima de medo gerado por uma guerra sempre na iminência de acontecer, uma espécie de "não guerra", pois há toda uma preparação sem o conflito final; o que os leitores veem é como o medo foi incorporado ao cotidiano, da mesma maneira que a morte sempre à espreita acirra a pulsão de vida, em especial dos jovens.

Por causa dessa situação, *O Povo Eterno Não Tem Medo* trata da sensação predominante das protagonistas, que é algo universal entre os jovens, ainda mais na pós-modernidade: tédio. É importante realçar que, quando escreveu o livro, Shani Boianjiu tinha 25 anos de idade, tendo cumprido o serviço militar obrigatório (extensivo a homens e mulheres), ou seja, boa parte das sensações que coloca no livro foi vivida por ela e por suas demais colegas, todas jovens militares. O tédio é decorrente não só da repetição dos dias e dos hábitos militares, que tentam de todas as formas transformar a livre vontade em um pensamento massificado baseado no cumprimento irrestrito de ordens, mas também de uma guerra incompreensível para as jovens, mas onipresente e sempre iminente. De certa forma, o livro se aproxima de *O Deserto dos Tártaros*, de Dino Buzatti, em que o personagem principal também aguarda uma guerra que nunca chega, mas com a diferença que a autora israelense não considera a guerra uma maneira de atingir a glória, e sim como um percalço no amadurecimento emocional, físico e psicológico de mulheres ou, talvez, um ingrediente a mais no cadinho de emoções juvenis muito voláteis. Além de ser uma garantia de força e soberania, o serviço militar obrigatório em Israel também é uma forma de passar adiante o medo de uma eventual guerra, uma maneira de perpetuar o estado de alerta e passar para a juventude a noção de que precisam estar sempre vigilantes. O quanto isso afeta o natural processo de amadurecimento, e ainda mais das mulheres (o que já é complicado em todas as partes do mundo), é algo que fica para a reflexão do leitor.

Um dos grandes méritos do livro é, por intermédio do uso de vários narradores, construir um cenário que observa a situação sob prismas diferentes. No entanto, também se destacam o humor e a ironia em meio às cenas protagonizadas pelas três personagens centrais, como aquela em que pontifica o telefone vermelho que é vigiado com atenção e jamais toca (a não ser em um momento inesperado) ou quando as personagens, na vigia de uma torre de comunicação, imaginando-se sozinhas, resolvem tirar a roupa para pegar sol e causam um incidente diplomático com os guardas do outro lado. É a vida, com suas pequenas comédias e tragédias, que continua acontecendo, apesar da tensão criada pela ameaça constante de guerra e pelos ritos de passagem próprios da juventude.

Cada uma das protagonistas é afetada pelos trânsitos e trâmites dessa preparação para a guerra: enquanto Yael seduz rapazes nas aulas que dá como instrutora de tiro; Lea imagina as histórias carregadas por cada um dos palestinos que passa por ela em um ponto de controle; e Avishag contempla, impotente, a morte de refugiados, por meio dos monitores diante dos quais passa boa parte do seu dia. A forma como as três lidam com os problemas típicos do seu amadurecimento como mulheres é modificada pelas vicissitudes da guerra, que apresentam, além do medo e da expectativa de um conflito vindouro, a morte, a angústia e os dramas dos refugiados. Apesar disso, como se fosse uma resposta ao clima geral em que estão imersas, as personagens burlam regras, conversam sobre rapazes e lutam inconscientemente para que o seu direito à juventude seja preservado; são flores que insistem em crescer e desafiar um campo minado.

Ao abordar as histórias de três jovens mulheres no serviço militar de Israel, Shani Boianjiu retrata os dilemas atuais do país. Como um microcosmo de outras questões geopolíticas, sociais e econômicas, a autora permite que os leitores vejam os problemas e as virtudes do povo israelense, realizando, assim, uma das finalidades da literatura: retratar o particular para revelar o universal. Ao acompanhar a espontaneidade das vozes e das vivências tão pessoais de Yael, Lea e Avishag e, até mesmo, entendendo o tédio de ser alguém jovem e ansioso para mergulhar na vida, mas estando preso a velhos sistemas e brigas, o leitor entra no bosque cuidadosamente urdido por Shani Boianjiu e surpreende-se ao encontrar, por trás de uma aparente rispidez dos caminhos, uma série de pequenos oásis e paradouros onde pode se sentar, rir e lembrar-se de como o mundo era divertido e insólito quando éramos jovens, inocentes - e sedentos por viver.

Gustavo Melo Czekster é advogado, formado em Direito pela Pontifícia Universidade Católica do Rio Grande do Sul (PUC-RS), mestre em Letras (Literatura Comparada) pela Universidade Feraderal do Rio Grande do Sul (UFRGS) e doutorando em Escrita Criativa pela PUC-RS. É escritor, autor de dois livros de contos: O Homem Despedaçado*;* e Não Há Amanhã*. Com o segundo livro. foi vencedor do prêmio Açorianos 2017 (categoria Contos), do prêmio AGES de Literatura (categoria Contos e categoria Livro do Ano) e do prêmio Minuano de Literatura (categoria Contos); e finalista do prêmio Jabuti de 2018 (categoria Contos).*

Shani Boianjiu nasceu em Jerusalém e descende de iraquianos e romenos. Graduou-se em Harvard em 2011 e vive na Galileia.

20. Shifra Horn

20.1 Four Mothers

Quatro gerações de mulheres em Jerusalém

Leniza Kautz Menda

> A maternidade inicia Amal nos segredos de sua família e na rica dimensão das vidas de suas quatro "mães". Mazal, cujo casamento malfadado trouxe maldição; sua filha Sara, que possui poderes curativos; a filha de Sara, Pnina-Mazal que tem a capacidade de ler o pensamento das pessoas e sua filha, Geula, a mãe de Amal, cuja intelectualidade aguçada e idealismo representam tanto um presente como um fardo.
>
> HORN

Four Mothers aborda a saga familiar de quatro gerações de mulheres em Jerusalém.

A força dessas mulheres, revelando similitude com as quatro matriarcas do judaísmo - Rachel, Sara, Rebeca e Lea -, atravessa o tempo. A narrativa enfatiza a coragem e as virtudes das mulheres em sua árdua tarefa da maternidade. A história de cada uma delas ocorre paralelamente aos distintos períodos históricos por que passa o Estado de Israel até a sua formação e fundação.

O caráter circular da narrativa perpassa as gerações já que a tataravó Mazal criou Sara sozinha; por sua vez, Sara criou a bisavó Pnina-Mazal sozinha. Pnina-Mazal criou a avó Geula sozinha. Geula criou a mamãe Amal sozinha e, agora, Amal, está criando o seu pequeno Bambi sozinha. .

Todas as mulheres repetem a mesma sina na preservação da família – os homens vão embora, fogem às responsabilidades paternas, e as mulheres guerreiras assumem a criação das filhas.

A saga se inicia com Mazal, nome cujo significado é "sorte", se constitui numa ironia visto que o casamento da moça sofre uma derrocada desde o início. Mazal, a matriarca, era uma mulher pobre que recebera ajuda da caridade para a realização do matrimônio. A casamenteira (shadchen), como era costume na época, serve de intermediária entre Mazal e Yaakov. Nota-se, portanto, a ausência de sentimento amoroso entre o casal. O frágil relacionamento conjugal se dilui logo após o casamento quando o marido abandona Mazal e ela assume a tarefa de criar a filha, Sara.

Existem alguns prenúncios baseados em superstições e crendices populares, embora sem nenhuma explicação lógica, que poderia especificar o término do enlace. A primeira delas ocorreu quando Mazal foi a Mikvá a fim de se purificar conforme as regras do judaísmo ortodoxo. O banho ritual foi um verdadeiro desastre, uma vez que Batya, a encarregada de conduzi-la ao local de purificação, pediu que Mazal imergisse nas águas profundas com o corpo inteiro. O cabelo solto de Mazal a impediu de realizar o banho ritual da maneira correta: "Mergulhe, mergulhe, Batya a repreendeu. Mazal subiu à superfície, enchendo seus pulmões de ar e mergulhou novamente até que seus pés pisaram no limo suave do fundo da mikvá. O cabelo de Mazal se recusou a imergir na escura água coletada da chuva".

Outra premonição que poderia ser atribuída à falência do casamento se refere às fotos que não saíram; o fotógrafo contratado só iria cobrar o preço do material; o filme que ele comprara, porém, havia vencido. Assim, não houve nenhuma foto para registrar a cerimônia.

Mazal se torna mãe aos 14 anos, a filha - Sara - é fruto de uma relação não prazerosa, isenta de sentimentos amorosos. Por sua vez, Sara segue o destino da mãe, pois seu marido - Abraão - deixa o lar para cuidar dos negócios do pai em Salônica.

Sara é uma mulher de grande beleza e de senso prático, com poderes mágicos que encantam a todos. Para criar a filha - Pnina-Mazal -, ela se dedica à plantação de rosas, as quais, além de exalarem um perfume maravilhoso, apresentam poderes curativos. Diferentemente de sua mãe, Sara se apaixonou pelo fotógrafo Edward, embora não pudesse viver com ele, um homem casado.

Pnina-Mazal, filha de Sara, se casa com David, um estudante pobre da yeshivá que a abandona, pois desertara do exército e fora perseguido por ser comunista. A mulher passa a exercer um cargo importante no governo britânico. Pnina possui um ótimo domínio de vários idiomas, ela se torna a primeira mulher da família a trabalhar fora e, portanto, adquire sua independência financeira.

Geula, cujo nome significa "redenção", é filha de Pnina-Mazal. Ela demonstra desinteresse pelo casamento e desprezo pelo sexo oposto - na verdade, seu marido é desconhecido. A mulher se torna uma exímia advogada, defensora da minoria árabe.

Quanto à maternidade, ela é indiferente - seu instinto materno é quase nulo.

Amal, filha de Geula, é a narradora da história. Seu nome significa "trabalho", em hebraico, e "esperança", em árabe. A moça busca as suas origens. Diante da recusa de sua mãe em lhe dar uma pista sobre a identidade do pai, cria fantasias para suprir a carência paterna:

> No colégio, ficava em dúvida se meu pai se chamaria Moshe ou Yaakov. Decidi que seria Moshe, e, para sua profissão, escolhi a de policial. Todas as crianças de minha classe queriam que seus pais fossem policiais, mas somente eu poderia me orgulhar de ele ser um policial. Eu me vangloriava das pistolas e das algemas que ele usava. Sua ausência era explicada pelo excesso de trabalho durante o dia e pelo cansaço que o derrubava à noite. Eu frequentemente invejava meus amigos cujos pais voltavam do trabalho, davam-lhes presentes, levantavam seus filhos no ar e perguntavam se eles iam bem no colégio.

Na narrativa de *Four Mothers*, há um misto de tragédia e força interior advinda das mulheres. O trágico resulta do abandono das matriarcas pelos maridos. O desamparo desempenha, no entanto, um papel edificador. Mazal, Sara, Pnina-Mazal, Geula e Amal adquirem força para levar adiante a família, para educarem suas filhas, embora nem todas tenham vocação materna para isso. A história dessas mulheres se confunde com a própria história do país, desde a época da antiga Palestina, os Domínios Turco-Otomano e Britânico até a fundação do Estado de Israel, em 1948. O nascimento de Amal, portanto, coincidindo com a origem do país, vislumbra uma nova era. A corrente de abandono das mulheres e a maldição imposta à família se interrompem. O filho homem de Amal nasce trazendo novas perspectivas, além do desejo de edificação tanto no seio da família como na construção do jovem e promissor país.

A narrativa de Shifra Horn se inicia num momento histórico bastante preciso, ou seja, em abril de 1948, quando os exércitos árabes e israelenses lutavam pelo controle de Jerusalém Ocidental. Os habitantes ricos do bairro árabe de Katamon, que moravam em amplas e luxuosas residências de pedra, foram encurralados entre os dois exércitos. O bairro foi invadido pelo fogo das granadas e balas; a vida dos residentes se tornou, portanto, um inferno. À medida que a luta prosseguia, eles fugiam, deixando para trás seus pertences, as refeições intactas e as camas desfeitas. O anseio pelo retorno nunca deixou de existir a ponto de eles levarem consigo as chaves de suas casas. O bairro foi conquistado pelo Exército Israelense e as moradias foram ocupadas pelos refugiados do bairro judeu da Cidade Velha de Jerusalém, a qual fora conquistada pelas legiões jordanianas.

Esse episódio histórico se refletiu na vida das protagonistas principais: Ângela, sua filha, Rosa; e o tio Joseph, que passou a morar com elas após a morte do marido do pai da menina, Amatzia. Horn descreve a cena em que a família judia de Ângela se apossa de uma casa que pertencera a uma família árabe no bairro de Katamon. O diálogo entre a mãe e a filha revela um humor ácido e cheio de perplexidade, pois a mãe incorre em contradições ao proibir que sua filha tocasse na comida deixada intacta pelos antigos moradores árabes da casa, mas permite que ela se deite na cama da menina árabe que fugira devido à invasão. O humor, por conseguinte, é acentuado por dois pesos e duas medidas.

O relato destila um humor amargo porque o leitor se coloca no lugar da protagonista Rosa, uma menina sensível e ingênua que demonstra empatia em relação ao próximo; os adultos, imbuídos de ideias racionais e preconcebidas, não demonstram sensibilidade diante do drama alheio:

> Ângela pegou a mão de Rosa, apertou-a contra o peito e começou a explorar os quartos desertos. Na cozinha elas viram uma refeição fria disposta numa toalha de damasco impecável que cobria uma mesa de mogno. Rosa cheirou as pitas e ficou admirada com a dureza delas, viu as azeitonas mergulhadas no óleo, examinou o queijo branco de cabra labneh cuja acidez invadia a casa e cheirou os kebabs nos espetinhos ao redor dos quais as moscas dançavam. Ela queria pegar um pedaço de pita para prová-lo, mas sua mãe lhe deu um tapa na mão e a impediu de tocar na comida tentadora.

Ângela tenta convencer a filha a não tocar na propriedade alheia; naquele momento, porém, não conseguiu dar uma explicação plausível nem para si mesma. Ela se contradiz no instante em que a filha se deita para dormir na cama que pertencera à menina árabe:

> De quem é essa cama?, ela perguntou à mãe.
>
> Agora ela é sua, Ângela respondeu num sussurro confidencial.
>
> Mas alguém dormiu nela antes. Outra garota dormiu nela. Onde ela está agora?
>
> A pequena garota foi embora, e agora a cama é sua, disse Ângela.

> Então a cama não é minha e não posso dormir nela, disse Rosa com firmeza, lembrando-se da pita e do labneh.
>
> Se você não quiser dormir nela, você pode dormir no chão, disse a mãe de modo zangado.
>
> Exausta, Rosa deitou na cama escutando o barulho da pequena princesa que havia dormido ali na noite anterior. O colchão ainda mantinha o cheiro e o calor da menina desaparecida e as suas lágrimas deixadas na fronha.

Naquela noite, Rosa sonha com a menina árabe; ambas tinham a mesma idade, e a garotinha usava um vestido branco franzido, com luvas brancas quanto a neve e meias brancas imaculadas. Se não fosse tão pequenina, poderia ser confundida com uma noiva. Ao avistar a menina, Rosa percebeu, espantada, que estava olhando para sua própria imagem, como se estivesse se refletindo num espelho. Ambas ficaram se mirando com olhos curiosos e sobressaltados. Quando, na manhã seguinte, a menina desaparecera, Rosa encontrou a boneca da ex-moradora daquela casa, com um rosto de porcelana, bochechas vermelhas e olhos de vidro azuis. O brinquedo foi guardado pela mãe de Rosa e permaneceu com a menina judia para o resto da vida como um prenúncio das fatalidades que ocorreriam na sua vida.

Na casa designada para Ângela moravam três outras famílias: Mischa, o traumatizado sobrevivente do Holocausto, os Sharabi, os Warshavsky, família do bairro judeu conquistado pelos jordanianos; a família Zilka, proveniente do Iraque de onde foi expulsa após a criação do Estado de Israel. Aqui temos um microcosmo da realidade representada pelos refugiados do mundo inteiro violentamente desenraizados de suas vidas pela sombra da guerra.

As vidas das diversas famílias componentes da casa serão influenciadas pelo relacionamento que mantinham entre si. O convívio com Mischa, por exemplo, provocou profundas cicatrizes na estrutura emocional da garota; ele a assustava com as histórias do campo de concentração quando as pessoas viravam sabão. Falava de seu apetite voraz quando se defrontou com a primeira refeição após a libertação do campo, o que despertou em Rosa um ávido apetite por comida:

> Ela abria o jantar com o arenque, nata e batatas assadas nos Warshavsky (origem polonesa); continuava com beringelas e pita iraquiana na casa dos Zilka; pão de ló embebido numa sopa de medula gordurosa e um molho verde feito de feno grego. Quando voltava para casa, pedia à sua mãe que lhe fizesse uma omelete com ovo em pó e um empadão de espinafre; não satisfeita com isso, levava para a cama um pote de iogurte e meio quilo de pão assado.

Percebe-se, durante adolescência de Rosa, um desvio do padrão normal, de modo a evidenciar a presença do realismo fantástico na obra de Horn. A jovem tem uma coroa de cachos que atrai abelhas, mosquitos e borboletas à sua volta. Por mais que a mãe se esforçasse para afastá-los, os insetos sempre retornavam. Além dessa estranha aura que a envolve, Rosa se torna uma exímia plantadora de ervas e plantas aromáticas, a ponto de ser conhecida pelos vizinhos como a mulher dos "dedos verdes". Tudo o que plantava crescia e florescia; se ela cultivasse até mesmo um cabo de vassoura no asfalto, ele floresceria mediante seus encantos. Em que consiste essa atração? O leitor, diante do mistério do aparecimento dos insetos e da exuberância no crescimento das plantas, se questiona a respeito do improvável, embora não impossível.

Rosa, seguindo a premonição da amiga Ruhama, segundo a qual ela teria quatro maridos, casa-se, aos 14 anos, com o tio Joseph, que a havia desvirginado. Da união deles, resultam sete filhos normais e uma menina que nasce com uma deformação genética: corcunda e sem previsão de crescimento. A filha recebe o nome de Angel, a versão em hebraico do nome de sua mãe, Ângela, que morrera um pouco antes do nascimento do bebê. A avó acreditava que dar o nome de um morto a uma pessoa viva era presságio de má sorte; a menina, portanto, estava fadada a ter um destino cruel, independentemente de sua mãe ter clamado aos anjos da morte, do mau-olhado e da destruição que poupassem sua filha da desgraça.

Angel vivia cercada por corvos, animais relacionados com o mau agouro, a morte, o azar e outros elementos obscuros e sombrios. A cor preta dos corvos e os hábitos necrófagos simbolizam o mau presságio impregnado no destino de Angel.

O segundo marido de Rosa, um professor de balé clássico, embora tenha se tornado um ótimo pai para a deficiente Angel, causa enorme decepção à esposa quando é revelada a sua pedofilia.

O terceiro marido é um pintor, Shmuel, o qual representa a reencarnação do sobrevivente do Holocausto de mesmo nome, personagem que fizera parte da infância de Rosa.

Mesmo após a morte dos três, eles continuam aparecendo para ela nas peregrinações que faz anualmente ao cemitério a fim de louvar as suas memórias, nas visitas noturnas e no revezamento na cama. Em suas "aparições", os homens conversam entre si, trocam farpas, zombam uns dos outros e rememoram suas vivências com Rosa:

> Como se houvesse um consentimento mútuo, todos os três decidiram visitá-la, e o silêncio de sua cama foi quebrado pelas três vozes masculinas. Novamente Joseph começou a despejar nela suas queixas e obscenidades, das quais ela sentira tanta falta; novamente ela sentiu o tamborilar dos pés descalços de Shagra ao dançarem juntos. Então, se juntou a eles, Shmuel, o pintor, e ela pôde ouvir os dois maridos anteriores assediando o recém-chegado, atormentando-o e insultando-o. Então, Joseph voltou-se para Shraga, lembrando-o de seu fraco desempenho na cama, e Shraga o lembrou da posição em que ele fora enterrado com o pênis levantado, a qual provocara as risadas até mesmo dos anjos. E assim eles continuaram até que Rosa perdeu a paciência e preveniu-os de que, se continuassem a discutir, nenhum deles seria autorizado a voltar para sua cama.

As vivências de Rosa na infância deixaram registros que a acompanharam pelo resto da vida. Assim, quando adulta, nada ficara para trás, nem mesmo o som que ela ouvira no momento da mudança para a casa da família árabe no bairro de Katamon: um arrastar de cadáveres durante o cerco a Jerusalém que, segundo a ótica infantil, lembrava tapetes deslizando pelo chão das residências invadidas pelos refugiados.

O entrelaçamento dos fatos presentes e passados é muito forte no curso da narrativa; ao rememorar a morte de Angel, Rosa a associa à boneca Belle encontrada com a menina árabe – Rina –, que aparecera em seus sonhos e pela qual a personagem criança demonstrara empatia. Quando ela evocava a memória da filha, culpava-se por achar uma nítida semelhança entre esta e a boneca inanimada com o rosto de porcelana e olhos azuis vítreos. Ela se ressente pelo fato de Angel não ter podido vestir o traje de noiva da dona da boneca e se culpa por não ter jogado a boneca fora.

Com olhos bem abertos na escuridão da noite, Rosa ficava horrorizada ao ouvir o som surdo que a levava de volta a suas memórias mais antigas. Com lágrimas correndo pelas bochechas caídas, Rosa se lembrou dos sons que ouvira em sua infância, o arrastar de corpos, um número imenso de corpos, que disseram a ela que realmente eram tapetes. Naquele momento, ela sentiu as mãos de Rina secando as suas lágrimas. Não ficou surpresa em encontrar a sua velha amiga em sua casa, deitada na cama dela e coberta com o seu cobertor. Rina não havia crescido; ela havia permanecido criança. Rosa a descobriu e olhou para Rina atentamente. Seu lindo vestido de renda esfarrapado e manchado, as solas dos sapatos gastas, os cachos sujos de seus cabelos e cobertos por teias de aranha, os olhos azuis mais tristes e uma cicatriz feia em sua cabeça. Quando Rosa contou a Rina sobre a morte desta, Rina a abraçou e cochichou em seu ouvido que Angel estava dormindo na cama de outra menina pequena porque o mundo inteiro estava cheio de meninas pequenas dormindo em camas de outras meninas pequenas, que estavam dormindo em camas de outras meninas pequenas e não havia fim para isso.

A narrativa de Shifra Horn revela os traços da contemporaneidade visto que, no cerne desta, há espaço para a alteralidade e a empatia com o próximo.

20.2 Ode to Joy

Queda e ressurreição pós-atentado terrorista

> E a vida voltou ao normal. Que tipo de vida e que tipo de normal? Apesar do cliché ridículo, eu gostaria de aplicá-lo a minha vida, mas, desde a convulsão por que passei naquela manhã de domingo, 20 de janeiro de 2002, minha vida não tem sido a mesma e, a nova que me impus, está longe de voltar ao normal.
>
> HORN, 2005

Após uma explosão terrorista num ônibus em Jerusalém, da qual Yael escapara por um triz, ela fica perplexa diante da última imagem que lembra com terror: uma pequena garota loira abanando da janela de um ônibus e o som da *Ode à Alegria*, de Beethoven, que estava tocando no rádio do seu carro:

> Olhei com atenção para a janela traseira do ônibus na minha frente e vi uma mãozinha minúscula que apareceu subitamente desenhando linhas e pontinhos no vidro embaçado. Os movimentos da mão que desenhava se misturavam à harmonia das notas que soavam dentro do meu carro. Quando o ônibus começou a se movimentar, não houve escolha e tive de me arrastar atrás dele. O desenho foi apagado e, pela clara e iluminada brecha do

embaçamento do vidro, surgiu a silhueta de uma cabecinha pequenina. A doce face de uma menininha com seus olhos sérios pode ser vista através da janela. Sorri para a cabecinha que havia aparecido diante de mim e acenei; ela abriu os dedinhos e os fechou do modo como as crianças fazem para esconder o rosto. Fiquei feliz com o jogo da garota. "Esconde-esconde". "Esconde-esconde", eu disse quando ela me espreitou novamente. "Esconde-esconde!" "Esconde-esconde!", falei inesperadamente, mas minha voz não chegou até ela, prejudicada pelo grosso vidro que nos separava, mesclando-se às súplicas dos solistas pregando paz e amor em meu rádio.

"Esconde-esconde!" "Esconde-esconde!", e meu chamado ecoou com o rufar de um tambor seguido de um flash de luz e todo o inferno apareceu quando meu carro balançou de um lado a outro. E as pessoas ouviram os sons e viram a luminosidade e a fumaça. Com dificuldade, consegui equilibrar o carro; a cabecinha que me espreitava desapareceu e a luz do dia tornou-se treva. Um vento forte penetrou pelo meu para-brisa trazendo um estranho odor - uma lufada de fumaça penetrou em meus pulmões. No silêncio terrível que se seguiu ao barulho, ouvi a "Ode à Alegria" entoada pelo coro do rádio do meu carro, alheia ao que havia acontecido. Então, vieram os gritos, gritos inumanos como os de um animal preso ao fogo. .

O marido de Yael, Nachum, se mostra incapaz de entender o sofrimento da mulher; e seus amigos e colegas, apesar de demonstrarem sensibilidade em relação ao drama pessoal dela, não conseguem compartilhar sua dor. Ainda traumatizada, Yael é impelida a procurar o enlutado pai da menina loira, o enigmático e misterioso Avshalom. O sofrimento mútuo os aproxima e Yael começa a se apaixonar por ele. Avshalom também se sente atraído por ela, mas acredita que a perda de sua esposa e do filho (a menininha loira era, na verdade, um garotinho, como explicado adiante) tenha sido uma punição pelos seus pecados passados.

A aproximação entre Yael e Avshalom não ocorre por acaso. No início, ela o procura porque necessitava buscar elementos que ilustrassem sua tese sobre enterros e costumes funerários na comunidade ultraortodoxa em Jerusalém. Seu intuito era mostrar o modo como nós, os judeus, lidamos com o luto, visto que poderia fornecer uma explicação sobre os valores básicos da cultura *haredi* (palavra originária do hebraico que significa "temeroso" ou "temente", usada para se referir ao praticante do Judaísmo ultraortodoxo).

Ao se deparar com uma foto da criança morta na explosão ao ônibus, Yael percebe que não se tratava de uma menina, e sim de um menino cujo cabelo ainda não fora cortado, uma vez que, segundo os costumes da comunidade religiosa a que pertencia Avshalom, o corte do cabelo dos varões só ocorria aos três anos de idade, numa cerimônia denominada *Halakeh* (palavra coloquial em árabe que significa "corte de cabelo").

Ao longo do relacionamento, Yael descobre que o nome anterior de Avshalom era Nimrod, mas ele o havia trocado porque Nimrod era um personagem bíblico que personificava o mal. O pai enlutado é eternamente condenado pelo seu passado. Ele havia sido um famoso piloto da Força Aérea Israelense que atacava alvos militares em missões para capturar os terroristas;

quando descobriu que estava matando crianças civis e inocentes colocados nos alvos militares, largou a profissão e matriculou-se na *yeshivá* Or Sameach (Luz da Alegria) em Jerusalém a fim de expiar seus pecados:

> Eu me senti como um assassino e busquei uma maneira de expiar minhas ações para implorar perdão. O sangue dos inocentes que eu havia matado penetrava em mim. Na Força Aérea, eles nos ensinaram a voar, jogar bombas, executar a missão, mas não nos ensinaram como nos libertar do sangue e do cheiro da morte que grudavam em nossas mãos.

Na *yeshivá*, Avshalom, paulatinamente, redimiu-se de seus pecados na medida em que foi conhecendo e incorporando rituais e preceitos religiosos:

> Aprendi a como parar e quando me curvar e quando bater em meu peito e revelar que havia pecado. Então, na frente de todos, eu declarei que havia transgredido, sido desleal, que roubara, falara iniquidades e mais a longa lista relativa a assassinatos e, a cada golpe do meu punho no meu peito, me libertava um pouco de meus pecados.

O livro segue a estrutura bíblica. O primeiro capítulo, intitulado "No início", é uma paródia do Gênesis, o primeiro livro do Velho Testamento. Aqui se inicia o suplício de Yael:

> E a vida voltou ao normal. Que tipo de vida e que normal? Apesar do clichê soar ridículo, eu gostaria de aplicá-lo à minha vida, mas desde aquele motim em que me vi envolvida naquela manhã de domingo, 20 de janeiro de 2002, a minha vida não

tem sido a mesma e a nova que se impôs a mim nunca voltou ao normal.

O dia fatídico do ataque terrorista é denominado "aquele dia" e os demais capítulos fazem novamente referência ao texto bíblico: "E houve a noite, e houve a manhã, um segundo dia". O mesmo título se repete até o sexto dia, em homenagem ao luto. Durante todos esses capítulos, o sofrimento de Yael, em consequência do estresse pós-traumático, se acentua, a ponto de ela dormir durante o dia e ficar acordada à noite, além de recorrer a comprimidos para suportar sua imensa dor psicológica. Perde o interesse pela vida, pela casa e até mesmo pelo filho, Yoavi, que encara a mãe como uma pessoa estranha:

> Uma vez mamãe era uma borboleta e agora ela é uma traça, e, com as sobrancelhas franzidas, perguntou como aquilo acontecera. Eu lhe disse que tinha muito trabalho e à noite, com a casa silenciosa e papai e Yoavi dormindo, a mamãe podia trabalhar em paz. Mas ele não se dera por satisfeito: "Se Yoavi ficar quieto o dia todo, a mamãe vai poder trabalhar o dia inteiro e dormir à noite?" Fiquei chocada com a carga tão pesada que depositara em seus ombros e, com voz firme, disse que eu me acostumara com a escuridão da vida da traça e prometi a ele que um dia seria borboleta novamente. Ele foi para seu quarto e voltou, após um longo tempo, dizendo-me que havia desenhado uma traça colorida (...) Eu o peguei em meus braços e aspirei seu cheiro, tentando dissipar os medos e a fumaça com a doçura de sua fragrância.

No sétimo capítulo, intitulado "E as nuvens, elas voam, elas voam", já se percebe um indício da melhora de Yael ao passo que, no oitavo, "O que o Sol faz? O dia", a personagem começa a sair do torpor que servira para o questionamento de sua vida conjugal (um casamento sem amor, em busca da paz e da estabilidade) e parte para uma nova vida ao lado de Charles, um professor universitário.

O ataque terrorista, apesar de ter provocado o desequilíbrio interior de Yael, serviu como ponto de partida para a futura ressureição da protagonista como mãe e amante. Ela percebe que o relacionamento com Avshalom não passara de uma ilusão já que ele tinha a convicção de ter sido punido com a morte do filho e da esposa pelos seus pecados passados. Não havia, portanto, condições para que a união entre eles se realizasse de modo equilibrado e saudável.

Shifra Horn, por intermédio da protagonista Yael, questiona, de modo crítico, a ideologia sionista segundo a qual os rapazes devem, em caráter compulsório, servir ao exército de Israel. Sob esse ponto de vista, há toda uma indagação, por parte de Yael, quanto ao nascimento de um filho homem:

> Todo mundo disse "Parabéns, mamãe, você teve um menino", e eu chorei porque pensei que o destino do meu filho estava selado e que ele morreria num ataque terrorista ou numa guerra. E, então, no meio de toda a confusão ao meu redor, Nachum, de quem eu havia esquecido, debruçou-se sobre mim e disse: "Mais um soldado para o Exército de Israel". Eu quis me levantar da cama com todos os tubos e fios aos quais estava presa e, com a incisão que ainda não havia sido suturada, cravar minhas unhas na cara do pai do meu filho e dizer a

ele que o odiava, mas, naquele momento, não tive coragem.

Nachum a critica por ter tendências esquerdistas, sem considerar os sentimentos de Yael e sua fragilidade pós-parto:

> Daí eu disse que esperava que nosso filho não seguisse as tendências esquerdistas da mãe e a preveni que não deveria levá-lo aos comícios das ativistas do movimento Paz Agora e, muito menos, àqueles do Women in Black (mulheres vestidas de negro), umas lésbicas lunáticas cuspindo com malevolência.

Nachum, o marido de Yael, é apresentado como um homem preconceituoso que encarna uma visão ideológica da direita israelense contrária à paz e à integração entre israelenses e palestinos.

O "inferno" vivido por Yael poderia ser amenizado pelo registro escrito do episódio; ela, entretanto, não consegue se expressar, pois, em sua memória, está impregnada a imagem do pai, um sobrevivente do Holocausto que emudecera em razão das atrocidades que sofrera nos campos de concentração.

> Durante os minutos no ônibus, eu me senti muito próxima a meu pai. Ambos éramos sobreviventes: ele lá, e eu, aqui. Fiquei refletindo sobre a palavra "sobrevivente" e senti que nossa língua cometera uma grande injustiça com aqueles que voltavam de "lá". Eles eram chamados "sobreviventes" e todos eram colocados no mesmo saco, os sobreviventes, os heróis e os soldados. Com uma única palavra, eles eram definidos como pessoas frágeis que se sentavam nos campos esperando pela sal-

> vação. No Dia da Recordação do Holocausto, meu pai chegou tarde e, quando ele e a minha mãe foram dormir, ouvi ele dizendo a ela que o termo "sobrevivente" deveria ser substituído por "envergonhado". Ele ficava envergonhado diante das seleções, envergonhado quando levaram a sua família e ele não pode protegê-los; ele ficava envergonhado quando tomava a sopa de carne podre e, envergonhado, ao ver os que morriam a seu lado nos bunkers (...) Naquele momento, no ônibus, eu me lembrei de suas palavras. Decidi que tentaria, como ele, apagar as cenas de terror e eliminar os cheiros e os sons. Não falaria sobre eles e me recusaria a reconstruí-los em minha memória. Talvez, somente dessa forma, eu me livraria deles.

Segundo Abrão Slavutzky e Edson Luiz Andre de Souza, "A construção de sentido é contrária ao vazio de sentido, que expressa o tédio, a melancolia. O vazio é um estado passivo, tristonho, já a construção de sentido é o oposto, é a coragem, o entusiasmo de viver". A personagem Yael, quando saiu do torpor em que estava imersa após o atentado, procurou dar um sentido à sua vida por meio do reconhecimento da maternidade e por meio do trabalho.

Ode à Alegria narra uma história limitada no tempo e no espaço que suplanta a territorialidade e a espacialidade ao retratar, de forma sofrida e poética, temas universais: o sofrimento, a dor da perda, a busca do amor, a reação à intolerância, a vida e a morte. O livro, apesar de abordar os conflitos insolúveis entre árabes e israelenses, convida o leitor a refletir sobre a vulnerabilidade da condição humana e a possibilidade de reconstrução, por meio da irmandade e alegria expressas no próprio título dado ao livro de Shifra Horn, de vidas dilaceradas.

Shifra Horn nasceu em Tel Aviv e vive em Jerusalém. Graduou-se em Estudos Bíblicos e Arqueologia. Realizou muitos trabalhos em prol das comunidades oprimidas ao redor do mundo. Suas principais obras de ficção são: Four Mothers, The Fairest Among Women, Tamara Walks on Water e Ode to Joy. *Também publicou trabalhos de não ficção e de literatura infantil. Entre os inúmeros prêmios ganhos, há o WIZO de literatura (1997), o do Ministério da Cultura de Israel (2005) e o Brenner (2006).*

21. Shulamit Lapid

21.1 Valley Of Strength

Pioneiros na fundação de Israel

Leniza Kautz Menda

> Algumas vezes as semanas passavam sem que ela se lembrasse da calamidade que se abatera sobre si, e, em outras ocasiões, as memórias fervilhavam como lava incandescente do fundo do seu coração. Ela vivia em suspense como se esperasse que a praga ressurgisse.
>
> LAPID

O drama de Fania, a personagem central do romance, é costurado por capítulos que voltam ao seu passado idílico na Rússia. A narrativa de *Valley of Strength* expressa a vida de Fania, membro de uma família pobre e embrutecida, entrelaçada ao contexto econômico e histórico dos primórdios da Terra Santa.

A época do relato é a fase do Domínio Otomano na Palestina, o qual durou até o final da Primeira Guerra Mundial e correspondeu, de uma forma geral, a uma era de decadência econômica e cultural da Palestina.

Fania foi criada na Rússia, no seio de uma família abastada que podia proporcionar à garota aulas de piano, diversões, brinquedos caros e variados bem como um padrão de vida voltado para o apreço à cultura e à educação. Fania alimentava o sonho de estudar numa Universidade para ser médica. O casamento, para ela, estava num plano secundário, a menos que se apaixonasse, pois, no fundo, ela alimentava uma veia poética.

Examinando o contexto histórico do Império Russo, verificamos que, a partir da ascensão de Alexandre III, houve o recrudescimento do despotismo.

> A posição dos judeus se deteriorou bastante e as restrições de circulação, trabalho e educação tornaram-se muito mais severas (...) O antissemitismo passou a fazer parte da política oficial do governo com a chancela dos pogroms, ataques violentos aos judeus com a destruição de suas casas, negócios e centros religiosos. (SZPILMAN, 2012, p. 155-6).

O destino se mostra cruel para com a garota de 16 anos quando, na Rússia, fora vítima de um pogrom que exterminara seus familiares. Fania sofre um estupro que resulta em gravidez: "Deus, se ela ao menos pudesse tirar de sua memória o horror daquele dia! Toda a sua vida seria dividida, desde então, entre o que viera 'antes' e o 'depois'".

Apesar de sua ruína interior, Fania não se entrega e decide levar adiante a maternidade na Palestina, realizando, assim, o sonho de seu pai que jurara ir para lá caso o filho voltasse do exército russo. A garota fora influenciada pela visão messiânica paterna, segundo a qual, na Terra Prometida, não haveria espaço para violência ou rapto de crianças. O pai pensava que, na Palestina, eles poderiam viver sem ódio, perseguição ou medo. Fania chega à Jaffa com uma carga pesada sobre seus ombros: o fruto de uma gravidez indesejada, um tio idoso e o irmão Lulik, com certo grau de deficiência mental e traumatizado em decorrência do serviço militar no Império Russo.

Naquela época havia grande incentivo para o estabelecimento e a povoação da Terra Santa; os judeus russos, portanto, estimulados sobretudo pelo movimento Hovevei Zion, uma instituição fundada em 1881 em resposta aos pogroms antijudaicos no Império Russo, começaram a imigrar em massa para o Levante.

Assim, Fania, ao chegar à vila de Jaffa, com o bebê Tamara ao colo, se vê coagida a aceitar a união com Yehiel, um viúvo, pai de dois filhos. Ela seria uma espécie de criada da casa; teve, no entanto que se casar com o viúvo para preservar as aparências na aldeia de Gai Oni, onde habitavam beduínos e camponeses trabalhadores das terras áridas. Ela se sentia como um objeto de compra e tentava, o máximo possível, evitar o contato físico com Yehiel. Seus ideais românticos se chocam com a indiferença e a pressão vividas naquela união:

> Ela nunca iria se casar! Nunca ela permitiria que um homem se apoderasse do seu corpo (...) Será que ele somente quer uma babá para os seus filhos? Durante toda a noite os pensamentos reverberaram em sua mente. Se ela se casasse com ele? - ruim. Se ela não se casasse? - ruim. Qual seria o menos pior? Ninguém poderia ajudá-la a se decidir.
>
> (...)
>
> Ela tinha lido muitos romances românticos em sua juventude. Estaria apaixonada? Para o amor precisamos de rosas do jardim, de seda, de veludo,

> de cristal e mármore. O que ela tinha ali além de espinhos e escorpiões?

A descrição da paisagem dá uma ideia precisa da precariedade daquela região em que Fania fora residir: "As colinas nuas salpicadas aqui e ali por uma oliveira antiga ou um terebinto solitário, o pico frio do distante Hermon, os penhascos atravessados por riachos de lava" .

Fania resolve resistir; ela é uma mulher forte que faz de tudo para alimentar a prole e continuar vivendo em meio àquela aridez e às dificuldades do dia a dia: a seca, a fome, o trabalho árduo num terreno pedregoso e improdutivo, a malária e outras doenças características da região. A garota era movida pelos ideais de igualdade, cooperação e trabalho. Ela se recusava a viver de caridade, assim como os judeus religiosos de *Tzvat* que despendiam horas e horas no estudo da Torá.

Fania não é uma personagem submissa; ela não sucumbe diante das dificuldades; ao contrário, encara as adversidades com força e coragem no plantio de cebolas, pepinos e azeitonas para alimentar as crianças. Ela se arrisca nas estradas perigosas a fim de vender os poucos produtos que plantava na aldeia de Tzvat.

Durante séculos, sob a vigência do Império Turco-Otomano, a Palestina fora uma imensa área formada por colinas erodidas e mal cultivadas, desertos arenosos e pântanos cobertos de malária. A população árabe e os *felahim* viviam em péssimas condições sanitárias, habitavam em casebres de barro, roubavam gado e davam abrigo a criminosos. Havia pouca segurança pública e a vida dos *felahim* se alternava entre saques e chantagem por parte de seus vizinhos, os beduínos (SZPILMAN, 2012).

Fania, diferentemente de Yehiel, torna-se uma mulher forte que provê a família e preserva sua união. Na verdade, ela era uma excelente comerciante que criava as oportunidades para ganhar dinheiro com a venda do quinino para malária e nitrato de prata para a cura do tracoma. Nas estradas perigosas, expunha-se correndo o risco de ter roubada sua preciosa mercadoria. Ela não vê nenhuma virtude na penúria; sob esse aspecto, não há conformidade com o pensamento do pai, o qual dava primazia à justiça social e à salvação nacional. Onde, pensava ela, com tanta carestia, poderia haver salvação? Talvez somente o trabalho árduo pudesse libertá-los da escravidão em que viviam sob o Domínio Turco-Otomano.

Aos poucos, Fania se afeiçoa ao marido visto que percebeu que ele lhe dava autonomia: "Yehiel tinha dado a ela uma liberdade absoluta. Ela era livre para empreender seus negócios, viajar nas estradas, ficar longe de casa. Ele respeitava o seu direito de ter uma vida separada da dele" (LAPID).

Fania tem medo de revelar a Yehiel seu passado trágico na Rússia e, ao mesmo tempo, acreditava que não poderia conviver com aquele segredo do abominável estupro:

> A memória daquele estuprador fez com que todo seu corpo tremesse convulsivamente, mas, enquanto isso, seu amor por Yehiel a recompensava e ela sonhava com a consumação daquele amor. Mas o que seria dela se ela revelasse o seu segredo?

Fania queria selar "aquele episódio" em sua vida, mas as feridas se recusavam a cicatrizar já que, de tempos em tempos, ouviam-se rumores que afetavam a vida de milhares de judeus em Varsóvia e outras cidades pertencentes aos russos. A revelação da violação e o consequente aceite por parte de Yehiel foram determinantes para que Fania vencesse seus medos e seu orgulho antes que fosse tarde para costurar a brecha existente entre eles.

À medida que o tempo passa, Fania aprende a se adaptar àquela vida de "judia beduína". Ela vai em busca de novos negócios como o cultivo do tabaco e participação na indústria da seda. A personagem desempenhou um papel importante na transmissão da herança cultural do povo judeu bem como no ensino da língua hebraica moderna que estava ressuscitando sob a influência de Eliezer Ben Yehuda. Fania ensina às crianças o hebraico utilizando os livros impressos em Tzvat que tinham ampla circulação na Diáspora.

Fania, exemplo de mulher forte, sinônimo de força espiritual e alicerce para a família, sonha com um futuro melhor em que não há margem para a miséria da realidade implacável:

> Nós somos mais fortes do que pensamos. Parece que não aguentamos mais e, então, algo acontece. E nós suportamos tudo. Isso é um sinal de força ou fraqueza? Isso é o que os judeus fazem, nós começamos do início. De novo e de novo.

Shulamit Lapid nasceu em Tel Aviv e formou-se em Estudos Orientais na Universidade Hebraica de Jerusalém. Escreve romances históricos e prosa realista que aborda questões sociais, discriminação étnica e romances policiais. Gai Oni *(1982) é a história de um vilarejo na Galileia que se torna Rosh Pina. Lapid foi uma das primeiras escritoras israelenses a abordar o papel das mulheres na narrativa sionista. Entre seus livros, além de* Gai Oni*, encontramos* As a Broken Vessel, The Maiden's Farm *e livros de literatura infantil.*

22. Savyon Liebrecht

22.1 Apples From The Desert

Traumas do Holocausto

Leniza Kautz Menda

> O passado não existe em seu estado perfeito, bruto e puro como uma pedra. O passado só existe porque existe a memória, e a memória é traição: tanto subtrai quanto acrescenta, tanto rasga quanto emenda. Por que sou gorda, mamãe?
> Cíntia Moscovitch

Esse trecho transcrito ilustra de forma significativa a maneira como Savyon Liebrecht, escritora israelense contemporânea, lida com o tema do Holocausto, na medida em que retrata, em seus contos, personagens oprimidos e com profundas cicatrizes no que se refere a esse fato histórico.

A presença do Holocausto é uma constante na obra de Savyon, sendo ela mesma filha de imigrantes poloneses sobreviventes da catástrofe impingida pelos nazistas. A autora, no entanto, não se preocupa em descrever os horrores da barbárie, mas sim em demonstrar os reflexos desta na memória dos sobreviventes.

Num conto intitulado "Mother's Photo Album", da coletânea *Apples from the Desert*, o papel da memória na reconstituição do Holocausto é acentuado sob o ponto de vista do narrador. O protagonista, Joshua Hoshen, se forma em Medicina, pois, no seu inconsciente, alimentara o desejo de curar sua mãe que sofria de depressão psicótica. A doença irrompe quando o marido polonês, pai de Joshua, recebera uma carta da América na qual se inteirava de que sua ex-esposa, que ele supunha morta no campo de concentração, estava viva. Ele abandona, então, a mulher com quem se casara após a Guerra bem como o filho que tivera com ela, Joshua. O álbum de fotos guardado pelo filho a sete chaves, durante toda a vida, era uma espécie de consolo pela ausência do pai e a internação de sua mãe com o diagnóstico de doença mental. O menino conserva as fotos nas quais ele aparece entre ambos os pais, o que lhe proporciona um grande prazer e a sensação de conforto e proteção.

Joshua foi adotado por dois habitantes de um *kibutz* – Nehama e Yigal. Ele visita sua mãe frequentemente, embora ela não o reconhecesse. Nem mesmo as fotos de Joshua a trazem de volta à realidade. O olhar sensível de Liebrecht desperta a compaixão do leitor, o qual se torna solidário não somente em relação ao sofrimento do rapaz, como também à angústia de sua mãe. Na verdade, a mãe era uma sobrevivente do Holocausto, de origem polonesa, vítima de um estupro e sobrevivera à Guerra escondida em uma fazenda. Durante muitos anos temera ser denunciada pelos vizinhos cristãos e tivera de se esconder em vários lugares. Perdera todos os parentes nos campos de concentração. O casamento com um polonês, a imigração para Israel em 1951 e o nascimento do filho, Joshua, poderiam dar-lhe um alento; ela, no entanto, não consegue se libertar do passado cruel, cerne de sua doença mental.

A conservação do álbum de fotografias ao longo de toda sua vida serviu como alívio para o sofrimento de Joshua, um indicativo de que o casamento de seus pais, mesmo não tendo sido fruto do amor, como o de muitos sobreviventes, era a âncora existencial para a vida do garoto. Na idade adulta, ao se defrontar com o álbum de fotos, Joshua vê a si mesmo refletido na criança que um dia ele fora e sente-se muito protegido por ambos os pais, desejo inerente a todo e qualquer indivíduo sensato e equilibrado, sobretudo para um filho de sobreviventes.

No conto "Morning In The Park With The Nannies", Liebrecht esboça um panorama descritivo do episódio do Holocausto. Nesse conto, pertencente à mesma coletânea, também ocorrem às memórias dos protagonistas, cenas em que, anteriormente à ida para os campos de concentração, eles relataram a desoladora comemoração do Seder de Pessach. A narradora se mostra particularmente sensibilizada pelo relato de uma mãe judia que enlouquecera previamente à busca e à apreensão de sua família por parte da polícia nazista. No relato dessa mãe, consta a descrição da pobreza da mesa de Pessach com migalhas de pão embebidas na água para fingir que eram as *matzot* de Pessach, além de pedras catadas no gueto no lugar das garrafas de vinho e os pratos para peixe, sopa e carne totalmente desprovidos de seu conteúdo. O desejo de manter o ritual simbólico da festividade e o de preservar a união familiar se chocou com a escassez extrema daquele momento. Tal ruptura, portanto, representou um terreno fértil para o surgimento da loucura. O relato expressa a deterioração do ser humano, os sentimentos de perda da dignidade e a humilhação que foram se apoderando dos judeus dos guetos até a deportação e a morte nos campos de extermínio.

Liebrecht critica a sociedade israelense, especialmente os parentes dos sobreviventes, por sua relutância em demonstrar empatia pelas mentes atormentadas dos sobreviventes e o descaso para com seus relatos de episódios de crueldade.

No prefácio ao livro de Savyon Liebrecht, *Apples From The Desert*, intitulado "O Poder Curador da Arte de Contar Histórias" em português, a crítica literária, Lily Rattok, tece alguns comentários a respeito da negação e do descaso da nova geração quanto ao Holocausto. Essa dificuldade se devia basicamente à inimaginável natureza das atrocidades infligidas pelos nazistas a uma população indefesa e inocente, uma população traumatizada e incapaz de expressar, verbalmente, seus sofrimentos. As crueldades se enraizavam no fundo da memória dos sobreviventes; o silêncio em torno do passado era impeditivo para a busca da cura.

Havia componentes específicos na composição e na formação do Estado de Israel que dificultavam a aceitação das vítimas do Holocausto, uma vez que eram considerados fracos e covardes por não terem lutado e se deixado conduzir passivamente à morte nas câmaras de gás.

Segundo Lily Rattok, outra dificuldade de aceitação do Holocausto resulta do sentimento de culpa daqueles que se estabeleceram em Israel antes do genocídio por não terem salvado seus parentes residentes nas comunidades europeias exterminadas pelos nazistas. Esses empecilhos, junto a uma decisão consciente de muitos sobreviventes após a libertação de não exporem suas feridas e reprimirem suas experiências, também contribuíram para a desconsideração do Holocausto.

Num conto intitulado "Hayuta's Engagement Party", Liebrecht faz uma crítica explícita à relutância dos jovens em abrir seus corações aos sofredores e à indiferença de Hayuta para com seu avô, Mendel, especialmente quando as memórias do Holocausto do senhor idoso vêm à tona. Ela tenta impedir que ele assista à festa de seu casamento temendo que pudesse estragar a celebração com suas histórias e lembranças da catástrofe.

> "Mas nós não podemos simplesmente deixar de convidá-lo", disse Bella, a mãe, como se estivesse argumentando consigo mesma. "Apesar de tudo - em uma ocasião como essa -, a sua primeira neta está se casando. Isso é algo realmente especial para ele, o sonho sobre o qual ele falou - uma grande família. Eu não vejo por que ele não deve ser convidado. Nós nunca nos perdoaremos. Não esqueça que ele já tem 83 anos (...) Simplesmente poderíamos ignorá-lo?". "Nós poderíamos mandá-lo viajar", disse Hayuta pragmaticamente, como se tivesse tido um repentino distúrbio mental. Bella olhou para a filha e estremeceu: eis Hayuta querendo se livrar do avô como se fosse um objeto descartável, com aquela indiferença da nova geração. Hayuta já se esquecera de como ele a havia criado e mimado, disposto até mesmo a dar comida a ela.

Mendel era um sobrevivente do Holocausto e, durante a Guerra, havia deixado os filhos aos cuidados de uma camponesa de origem polonesa. Quando os reencontrou, estava num estado deplorável de magreza, com imensas sequelas psicológicas. Alimentava o desejo de ir à América e encontrar a esposa. Seus planos foram podados, não conseguiu realizar nenhum de seus sonhos. Ele se casou novamente e a segunda esposa criou seus filhos como se fossem dela. O assunto do Holocausto, diante de sua nova vida, ficou sepultado em suas memórias reprimidas. Os filhos nunca lhe perguntaram o que havia sucedido durante todos aqueles anos em que estiveram rastejando no esterco da fazenda da camponesa, como desejassem que as recordações se evaporassem. O próprio Mendel falava com inteligência e presteza sobre a situação econômica da Rússia, da América e sobre todos os acontecimentos do jornal. A respeito da Guerra, porém, nunca mencionava nem sequer uma palavra, como se fosse um assunto proibido.

As memórias de Mendel se tornavam mais nítidas em ocasiões festivas, no momento em que se propunha um *Lechaim* (brinde) diante da fartura da mesa. Nessas ocasiões, o velho se lembrava com nitidez das cenas cruéis que havia presenciado no campo de concentração.

> Tornou-se um hábito, quando as mesas de Shabat e das festas eram servidas, o avô Mendel lhes falava sobre pessoas que caíam mortas nas ruas do campo e sobre as outras que assaltavam os mortos tomando-lhes os sapatos, colocando-os de lado a seus pés e cobrindo-os com jornais. Ele lhes contava sobre os que morriam de inanição com barrigas inchadas e olhos fundos; sobre o homem que fazia a triagem das roupas das vítimas e que encontrara o vestido com pérolas bordadas na parte da frente que dera a sua esposa quando o filho nascera. Também lhes contava sobre o rapaz que encontrara a mãe entre os mortos quando os estava carregando para o crematório.

Os familiares, diante daquelas recordações, reagiam das mais diversas formas, desde a completa resignação, até a mais cruel revolta tal como a demonstrada por Shifra, a cunhada de Bella:

> "Ele está estragando a minha noite", ela bradava, sabendo perfeitamente bem que suas palavras chegariam aos ouvidos dele. "Nós já sofremos e ouvimos o suficiente. Por acaso, não temos o Dia da Recordação e o Dia do Holocausto? Eles não te deixam esquecer sequer um instante. Então, por que preciso que me lembrem durante a refeição? Não entendo como vocês conseguem continuar comendo quando ele segue falando em supuração de feridas, sangue, vômito - mas isso é com vocês. Para mim, no momento em que ele abre a boca, a festa termina".

Shifra faz menção ao decreto de Israel que estabelece um dia de luto para honrar os seis milhões de judeus que morreram durante o Holocausto, oficialmente denominado "Dia do Holocausto e do Heroísmo". Essa ritualização da lembrança do Holocausto é importante para as novas gerações que, por vários motivos, entre eles a ausência inconsciente de memória dos pais e a repressão dos sentimentos, são indiferentes a esse cruel e sangrento fato histórico.

A súbita morte do avô na festa de casamento de Hayuta cala para sempre as suas memórias e as feridas do Holocausto que não puderam e nunca serão cicatrizadas. A memória, no caso, serviu para traí-lo e poderia, simplesmente, representar a vingança contra os preconceitos, a indiferença e à apatia da nova geração israelense.

> Com um lenço, Bella, a filha, seca o rosto angustiado que não conhecera alívio final e os lábios cerradamente franzidos sob uma camada de frieza acumulando as palavras que jamais trariam a salvação nem a conciliação, nem sequer um alívio instantâneo.

No conto denominado "Extirpação", Liebrecht manifesta o drama interior e o comportamento obsessivo da avó, Henya, a qual, em virtude do trauma sofrido no campo de concentração, raspa a cabeça de sua neta ao constatar, por meio de um bilhete da professora, que o cabelo da menina estava infestado de piolhos. Tal atitude da avó paterna causa revolta entre os membros da família, especialmente porque o corte é feito às vésperas do aniversário da menina. A conduta da mãe, ao se defrontar com a filha de cabeça raspada, foi de plena revolta contra a sogra diante de um ato demasiadamente insensato: "Não quero mais ouvir falar dessas pré-histórias. Eu te disse para ela não cuidar de nossa filha. Ela é louca! Perdeu alguns parafusos no Holocausto" .

O desabafo verbal e agressivo da nora expressa o desprezo dos jovens israelenses diante do Holocausto e a dicotomia entre civilização e barbárie, implicando uma mistura de sentimentos contraditórios em relação ao julgamento dos seres que passaram barbaridades nos campos de concentração nazistas. Há toda uma redoma de proteção às crianças de modo a ocultar o sofrimento dos antepassados, a qual é expressa verbalmente por Ziva, a nora de Henya:

> Ela sabe o que os piolhos faziam quando pessoas morriam nos campos. Uma menina de quatro aninhos precisa ouvir e saber tais coisas? Esta é uma história para sua idade? Eu quero que minha filha ouça histórias sobre Cinderela e não sobre Auschwitz!

A educação transmitida pela nova geração está calcada na alienação e na tentativa de esquecimento do Holocausto. Percebe-se, portanto, que o passado só existe porque existe a memória. No momento em que Henya se defronta com o bilhete da professora, o seu passado no campo de concentração aflora e, com ele, a cicatriz e a dor diante de experiências reais, cruéis e amargas:

> De manhã, ela descobriria que sua vizinha do outro lado, aquela que havia parado de sonhar há muitas semanas, morrera durante o sono. Quando as mulheres se apressaram, pela manhã, a perfilar-se em frente às barracas, os piolhos começaram a sair do corpo morto; eles pareciam uma fileira preta salpicada em direção à testa, dirigindo-se a outro corpo e procurando uma nova vida para si.

O título do conto é ambíguo, pois pode significar tanto "remoção" como "corte". Assim, o tema do episódio não se restringe ao corte do cabelo, mas abrange também a remoção e a própria destruição de uma vida durante o Holocausto. Há um elo de destruição que passa de uma geração a outra; já o corte do cabelo é o resultado das sequelas impregnadas nos sobreviventes.

Ao longo da obra de Liebrecht se descortina uma forte necessidade de pertencer, principalmente a de manutenção dos laços familiares. Essa carência está vinculada ao estado emocional dos sobreviventes e a de seus filhos, como testemunhou a trajetória da própria autora. A separação traumática da família e dos amigos e a incapacidade das vítimas em protegerem seus amados deixaram profundas cicatrizes em seu psiquismo. Os que escaparam da morte estavam dilacerados por sentimento de culpa, extrema solidão e vazio existencial. Consequentemente, a necessidade de iniciar uma nova família se tornou o objetivo de suas vidas.

Dessa forma, na obra de Liebrecht, a família representa, para os sobreviventes, a âncora existencial, mesmo quando não satisfaz as necessidades emocionais. Muitas das vítimas se casaram pelo desejo de autopreservação e de segurança pessoal. No conto "A Married Woman", os protagonistas principais se casaram sem amor, somente para preencher o vazio existencial. Hannah Rabinsky e Moshe se encontram na estação ferroviária de Varsóvia. O elo matrimonial entre eles começa num apartamento onde os sobreviventes do Holocausto se abrigavam. Então, a união resulta de um sentimento de compaixão:

> Ela o via pela primeira vez na estação ferroviária de Varsóvia (...) O lugar abundava em treva, e trens de cores cinzenta despejavam refugiados na plataforma (...) Alguns perambulavam pela multidão procurando os parentes desaparecidos. Vários sobreviventes da cidade de Sosnow se aglomeravam em um apartamento perto da estação. Ele se dirigiu a ela chamando-a pelo nome de outra pessoa e, então, conduziu-a até o apartamento. E ela o seguiu como se já estivesse prevendo o futuro. No apartamento eles se apalpavam, tentando, como crianças, aprender a linguagem de um mundo que havia sido recriado para eles. Eram cuidadosos com as palavras, sentindo que suas feridas se expunham ao som de suas vozes, ao tato de uma mão, ao sopro do vento. E, por outro lado, as pessoas se procuravam como se fossem cegas. Todas as noites eles celebravam um casamento, assistido por todos os seus mortos. Aconteceu na

> noite do casamento de Avram e Bina, Moshe estava sentado num cobertor espalhado pelo chão, cercado de pessoas. Hannah estava sentada ao fundo, e ela não conseguia desviar os olhos dele durante a cerimônia (...) Imensa compaixão e bondosa ternura fizeram com que ela tocasse em suas costas gentilmente a fim de abrandar o desespero dominante. Então, ele, subitamente, se virou e disse num sorriso: "Nós deveríamos nos casar?"

A união de Hannah e Moshe sobreviveu a muitas tensões por parte dele, embora Hannah o protegesse com uma espécie de amor materno. A cada "escapada do marido," Hannah demonstrara compreensão e perdão. O conto se inicia com um *flashback* no momento em que o processo de divórcio estava consumado e em que Hannah estava prestes a tirar a fotografia de seu casamento da parede perto de sua cama. Hannah contempla a foto antes de colocá-la no armário. Ela recorda o casamento e os anos que passaram juntos, quando Moshe a traía e desperdiçava o dinheiro em bebidas e jogos. O processo do divórcio, contudo, não se consuma de fato uma vez que a mulher continua cuidando de Moshe, alimentando-o e preparando-lhe sopa de galinha e massa caseira. A autopreservação e a segurança pessoal eram os ingredientes básicos de um casamento realizado sem amor a ponto de a felicidade pessoal e a própria individualidade dos cônjuges serem abafadas em detrimento de uma união estável.

Quatro histórias, quatro cicatrizes unidas pelo elo da memória. As marcas do Holocausto jamais poderão ser extintas, apesar do descaso das gerações mais jovens.

Savyon Liebrecht, com seu olhar sensível, convida o leitor a pensar em como, após tantos anos, o comportamento dos personagens Mendel, Henya e Hannah está pautado pelas feridas do Holocausto. As histórias dos personagens refletem semelhanças com nossos próprios parentes e conhecidos que sobreviveram a tal genocídio. Resta-nos lembrar, compreender e tentar, na medida do possível, lutar e esperar para que as cicatrizes sejam amenizadas.

Com um olhar arguto sobre os conflitos familiares e históricos no contexto do Oriente Médio, Liebrecht constrói enredos instigantes, dando ênfase especial ao lado psicológico dos personagens e ao significado simbólico de suas ações. No conto "A Room With a Roof", pertencente à coletânea *Apples From The Desert*, ela coloca em destaque personagens oprimidos pela sociedade israelense, em especial os membros da comunidade árabe minoritária. Nesse conto, a protagonista é uma mulher judia que, aproveitando a ausência do marido, que viajou a negócios, contrata três trabalhadores árabes dos territórios ocupados para construir uma peça anexa à sua casa.

O projeto feminino de construção de uma nova peça anexa à casa poderia indicar o início de um relacionamento amigável entre membros de diferentes grupos minoritários, embora a convivência entre ambos - a mulher contratante e os homens contratados - esteja impregnada de desconfianças e medos interiores.

Durante a construção, os trabalhadores árabes adquirem certa intimidade com a patroa, entram em sua casa para fazer café e até mesmo trocar de roupa. Os receios e temores da mulher vêm à tona porque eles alegavam que teriam um casamento em Tulkarem. A protagonista é dominada pelo pânico e paranoia diante da possiblidade de ser sequestrada pelos árabes:

> Eles entraram. Naquele momento, ela percebeu que Salah segurava uma mochila grande do exér-

cito, do mesmo tipo que Yoel, seu marido, usava quando convocado para fazer as manobras bélicas. Hassan se dirigiu ao banheiro com os colegas e os três trancaram a porta. Durante uns segundos, ela ouviu o barulho da água correndo e as vozes estridentes dos homens. Andando de um lado a outro da sala, mirou o amplo jardim e viu que não havia nenhuma casa nas redondezas. Um súbito temor se apoderou dela ao pensar no conteúdo daquela mochila. Talvez eles estivessem montando armas naquele recinto, espalhando as peças pelo chão e as encaixando com cuidado. Talvez eles saíssem logo de lá com suas armas prestes a atirar nela e no seu filho, Udi. Talvez eles os levassem como reféns em seu caminhão. E o que seria de Udi? A farinha especial com que ela alimentava o filho estava quase no fim e não seria suficiente caso fossem mantidos prisioneiros em seus barracões enlameados e miseráveis em Gaza.

Todos os seus temores se desfazem no momento em que ela os vê saindo do banheiro bem vestidos, cabelos bem penteados e com ótima aparência. A protagonista sente empatia por eles e passa a encará-los como pessoas normais, como seres humanos com necessidades e anseios semelhantes aos dela. Portanto, o "colocar-se no lugar do outro" faz parte da visão humanista enfatizada por Liebrecht em seus relatos literários.

A israelense e o chefe dos trabalhadores árabes se identificam um com o outro e demonstram empatia mútua. A proximidade ocorre quando o bebê dela estava prestes a cair do berço, e Hassan, o chefe dos trabalhadores árabes, o pega no colo e o embala ao som de canções árabes. A mulher se emociona ao lembrar a cena de Hassan falando suavemente com o bebê, em árabe, como se fosse um pai amoroso falando com seu filho. Ela pensa nas palavras de rara beleza, unindo-se num fluxo contínuo, como as palavras de um poema em uma linguagem antiga, a qual quem o ouve pode não entender, mas que penetra fortemente em seu interior. O elo entre eles se torna mais sólido no momento em que a israelense descobre que Hassan tinha um filho quase da mesma idade que o seu.

Liebrecht se utiliza do humor como recurso irônico, dando ênfase aos sentimentos ambivalentes da personagem diante dos trabalhadores árabes. A dicotomia entre a atração e a repulsa pode ser aferida no diálogo que a mulher tem com o marido, um sabra muito rude e insensível:

> Eu não queria construir isso, confesso, mas tenho de admitir que ficou realmente muito bom. Deu muita bagunça? Não foi tão ruim assim. Tocando na parede, ela respondeu de modo inconsciente. Eram trabalhadores dos territórios e foram bem respeitosos. O quê? Árabes? ele perguntou com ar de repreensão. Árabes. A gente não consegue achar nenhum outro tipo de operários, mas todos os dias um capataz judeu vinha para inspecioná-los. Você sabe, aquele que trabalha na Rua Herzl. Eles se comportaram bem? Não deram problemas? Ela suspirou de modo rápido e profundo, emitindo um som sibilante e reprimindo o redemoinho de emoções que a invadiam.
>
> Lembrou-se claramente de Muhammad parado na extremidade do telhado superior, contemplando-a

> com ódio (...) Também se lembrou do carinho demonstrado por Hassan ao pegar seu filho no colo e acalentá-lo com doces palavras árabes. Repentinamente, ela se deu conta da maciez de sua voz, sentiu como se estivesse traindo a si própria, e acrescentou em voz alta de modo mais estridente do que pretendia. Mas, certa vez, eles fizeram uma confusão por causa do prazo do pagamento e tentaram me enganar mostrando barras de ferro extremamente pesadas. Árabes, você sabe (...)

No conto "O Caminho para Cedar", da mesma coletânea de *Apples From The Desert*, a autora retrata a opressão sofrida pela personagem feminina Hassida, uma mulher subjugada pelo marido e pelo filho, com baixa autoestima na fase crucial da menopausa.

Devido a circunstâncias inusitadas, duas famílias - uma árabe e outra judia - se encontram excursionando pelos Estados Unidos, numa van. Aquele encontro foi forçado, pois a van dos turistas israelenses sofrera uma avaria e eles teriam de dividir outro meio de transporte com a família árabe que também residia em Jerusalém. Os preconceitos dos homens afloram desde o momento do encontro da família judia com a árabe hierosolomita:

> — Israelenses de Jerusalém, minha nossa! — Yehiel Harari falara sem pensar.
>
> — Eles nos trouxeram árabes! — Ele disse, incrédulo e se virou para o filho. — Vir de tão longe para a América, gastar oitocentos e sessenta e sete dólares em taxas para ter a honra de dividir a van com os árabes!

— Engenheiro nuclear — Yuval irrompeu em risada, voltando sua cabeça para trás.

— Inteligente e de Jerusalém - e, apesar disso, um árabe! — Yehiel acrescentou de modo incrédulo.

— E, ainda por cima, um engenheiro nuclear! Justo a profissão certa. Talvez ele espere encontrar um emprego no reator nuclear de Dimona.

— O reator de Dimona! Essa é uma boa. — O pai deu uma palmada afetuosa no joelho do filho. — Eu fiquei sabendo que há vagas no reator do Iraque!

— No Iraque? Essa é uma boa! — Yuval sussurrou, sacudindo a cabeça com alegria.

— Essa foi uma piada inteligente, papai!

Enquanto os homens se engalfinham em discussões e posições políticas antagônicas sobre as guerras travadas entre árabes e judeus, tendo o seu ódio acirrado pelos comentários pró-árabes e anti-israelenses, as mulheres tentam se aproximar. Hassida, a mulher judia israelense, se comove com a árabe que amamenta seu pequenino bebê com gestos carinhosos e maternais. Para ela, o encontro com a jovem mãe árabe de sua cidade natal representa um bálsamo para a alma tão machucada pelo desprezo marital e filial - a aproximação entre as duas mulheres é comovente visto que o exercício da maternidade suplanta todas as hostilidades entre os homens com visões de mundo antagônicas e insufladas pelo ódio ancestral.

A empatia entre ambas as mulheres se torna mais forte à medida que Hassida sente algo vibrar em seu íntimo, uma lembrança de quando era jovem e amamentava seus filhos pequenos. Ao perceber a indiferença do marido árabe em relação à esposa, uma negligência semelhante à de seu próprio companheiro, Hassida demonstra um gesto nobre que constitui um desafio para ela mesma:

> O bebê, com a cabeça no ombro da mãe, o peito contra o seu pescoço, começou a contorcer-se, emitindo sons estranhos, agitando os braços e, posteriormente, vomitando um líquido viscoso amarelado que manchou o vestido de sua mãe. A jovem mulher deu um grito de pesar e se voltou para o marido pronunciando uma enxurrada de palavras em árabe. Hassida ouviu as vozes familiares que ela conseguiu decifrar e, observando o perfil assustado da mulher, notou como ela era jovem, os traços suaves de uma jovem mulher ainda invisíveis ao redor da boca e dos olhos:
>
> "Ela não deve ser muito mais nova do que Yuval", refletiu.
>
> (...) Mais uma vez, a garota se voltou ao marido e perguntou a ele alguma coisa; ele encolheu os ombros de novo num gesto que indicava não saber o que ela estava lhe pedindo. Yehiel, que estivera sentado de braços cruzados, como um homem preso prestes a explodir, descruzou os braços e desviou o rosto do cheiro abominável. Hassida retraiu-se - a paciência dela acabara. Subitamente, ela se lembrou de alguma coisa, pegou a sua bolsa num compartimento atrás do seu assento, retirou alguns lenços pequenos de folha de papel que havia guardado do avião e estendeu-os para a garota por cima de seus ombros. A jovem olhou para o lenço com o logotipo da companhia aérea

> israelense EL AL, em hebraico, e, sem mexer a cabeça, fitou o marido.
>
> Ele moveu as pálpebras num gesto imperceptível, como num código, e a jovem estendeu a mão e pegou com cuidado a toalhinha úmida que Hassida havia tirado do pacote. Ela agradeceu sem olhar para a israelense e secou o rosto do bebê suavemente. A fresca fragrância se espalhou om rapidez pelo carro e o desconforto do bebê desapareceu. Daquela vez, Hassida nem se importou com o sarcasmo do marido e do filho: "Você viu como sua mãe tem uma alma nobre?" Yehiel perguntou a seu filho em voz alta, deixando transparecer seu sarcasmo. "Hassida é um Hassid de verdade", Yuval retrucou, e os dois quase morreram de tanto rir. Com o som da risada deles, o motorista deu uma olhada pelo espelho e voltou a se manifestar: "Vocês dois estão bem?", e riu à socapa.

No conto "Maçãs no Deserto", sua primeira história publicada, Liebrecht aborda o impacto sofrido pela mulher na sociedade patriarcal. Rivka, a jovem heroína da narrativa, tem necessidade de se libertar da dependência dos homens a fim de alcançar a igualdade. Ela vai a um *kibutz* e começa a trabalhar para se sustentar, embora morasse com seu companheiro. Não deseja estabelecer laços de matrimônio com ele já que almeja manter a sua independência. O *kibutz* que ela escolhe para morar é bastante diferente das características da sociedade sefaradim na qual ela havia sido criada. Portanto, a vivência naquela comunidade socialista representou uma espécie de rebelião contra o pai que a ignorara durante toda a vida e alimentara o projeto de vê-la casada com alguém de seu interesse (união por conveniência). Deixar a casa dos pais constituiu um ato de insubmissão filial.

A mãe de Rivka, Vitória, é uma personagem absolutamente convencional, pois segue todas as regras de conduta próprias de seu grupo social: casar-se, ter filhos e obedecer ao marido. As convenções lhe dão a sensação de proteção (fazer a coisa certa, agir de acordo com o que esperam). A filha, por sua vez, ao abandonar a casa paterna, demonstra um comportamento nada padronizado - ela questiona o *status quo*, desprezando os parâmetros da sociedade patriarcal.

Philip Roth diz que: "As convenções servem como barreiras para as coisas improváveis, são restrições clássicas contra coisas improváveis, difíceis de avaliar e entender". No caso, no momento em que a mãe, Vitória, admite a felicidade da filha ao lado do seu amado, há um reconhecimento de que Rivka dera um passo acertado na superação das convenções. O nome simbólico - Vitória -, e não dado por acaso, representa a quebra da tradição.

O confronto se estabelece quando Vitória vai ao *kibutz* na tentativa de levar Rivka de volta ao lar. Ambas, mãe e filha, entram em comunhão e decidem manter o segredo da recusa de Rivka de voltar para a casa. Vitória redescobre sua filha por meio dos olhos enamorados do jovem com quem ela vivia; sente que a garota desabrochara em contato com a pujança da natureza do *kibutz*.

Vitória lamenta a perda de sua própria oportunidade em não ter realizado um casamento por amor. Então, decide ajudar a filha a realizar o ensejo de plenitude, embalada por um sonho simbólico que tivera em que o rapaz amado de sua juventude, a quem ela renunciara por não ter se rebelado contra o pai, aparece emaranhado à imagem do jovem que quer se casar com

Rivka. O sonho traz a imagem do Jardim do Éden onde a maçã, nas mãos de Rivka, se transforma em pedras preciosas, indicando as riquezas trazidas pelo sentimento amoroso. Nesse paraíso idílico, a sensualidade não é considerada um pecado, nem a mulher é vista como responsável pela expulsão do Paraíso por ter tentado o homem a comer a maçã.

O poder que faz crescer as maçãs no deserto é o poder do amor. A narrativa, por conseguinte, cria uma analogia entre o crescimento das maçãs no deserto e o desabrochar de Rivka no *kibutz*. Somente quando encontra o amor, ela se torna linda – "leite e mel", como sua mãe reconhecera. Essa expressão, usada na Bíblia para descrever a terra de Israel, cria uma analogia entre o amor à terra e o amor de um homem a uma mulher. Liebrecht retrata uma realidade ideal em que o amor e a fertilidade coexistem na imagem do *kibutz*, *Neve Midbar* (oásis do deserto)

No romance *A Man, a Woman and a Man,* Liebrecht relata a aproximação entre os dois adultos – Hamutal e Arnon – desconhecidos que se encontram numa clínica geriátrica quando ela fora visitar a mãe e, ele, o pai. Sentem-se solitários e frustrados nas respectivas uniões conjugais, o que talvez tenha resultado na união física e espiritual entre ambos. Durante o período em que estiveram juntos, os protagonistas enfrentam a gradual degeneração dos pais, refletem sobre a velhice, a perda da memória de seus familiares e a efemeridade do ser humano:

> O calor que emanava de suas mãos era agora familiar, como se eles já tivessem um passado comum. Eles entraram sem acender a luz, e ele esperou um instante para atravessar a soleira da porta. Fechou-a atrás dela e, num segundo, no escuro, alcançavam um ao outro, tateando como cegos para unir os seus rostos, como se, desde o primeiro dia,

estivessem esperando por aquele instante em que estariam sozinhos.

O vazio existencial e as fragilidades de ambos os protagonistas ao lidarem com a doença dos pais são fatores preponderantes que reforçam o argumento de que os personagens, em situações semelhantes, tendem a se unir. Percebemos, nos contos de Liebrecht, uma propensão dos personagens à empatia, um "colocar-se no lugar do outro", o que evidencia o caráter sensível e humanitário dessa escritora. Na coluna do jornal *Zero Hora*, do dia 18 de agosto de 2014, a escritora Cíntia Moscovich afirma que o reconhecimento do "outro" é uma marca da saúde mental uma vez que nos leva à percepção de nossa própria individualidade.

A ficção de Savyon Liebrecht é um libelo contra as pessoas que são diferentes, mas que não toleram diferenças; expõe narrativas que exaltam a empatia que une as pessoas, ao invés de separá-las. A autora nos apresenta um humor que brinca com sentimentos opostos e com as contradições do ser humano, mas também alerta para a necessidade de tolerância; tolerar é responsabilizar-se, é sair de uma posição fanática ou dogmática. Tolerar é renunciar à violência e ao confronto, máxima usada pela escritora como ponto primordial do convívio com o próximo.

Savyon Liebrecht nasceu em Munique, na Alemanha, em 1948. Filha de poloneses sobreviventes do Holocausto, foi para Israel com apenas 1 ano de idade. É reconhecida como uma das mais importantes escritoras judias em Israel, tendo se destacado com a publicação da antologia de contos* Apples from the Desert *(1986). Entre seus livros, estão* Horses on the Highway *(1988);* What am I speaking, Chinese? She said to Him *(1992);* A Man, a Woman and a Man *(1998)* e The Women my Father Knew *(2005).

23. Tal Nitzán

23.1 O particular e o Universal em Seus Poemas

Moacir Amâncio

Um dos principais nomes da poesia israelense na atualidade, Tal Nizan, vem construindo uma obra já consagrada pela crítica e leitores de seu país. É autora que merece de fato ser conhecida pelo público de outras praças, onde quer que estejam - o nosso tempo está ali, nas palavras da poeta. É uma poesia que vem da memória e da atualidade da autora, que, acompanhando os pais, viveu na Argentina, Colômbia e, adulta, em Nova York. Em Israel, reside na cosmopolita Tel Aviv. A rigor, uma cidadã do mundo por formação, talvez também pelo temperamento inquieto e ao mesmo tempo muito agudo, pontual.

Nem todos os seus poemas trazem a marca de origem, mas os poemas encenados, todos eles se ajustam ao mecanismo da montagem dinâmica, produto de uma personalidade artística talvez errante em seus caminhos, mas com plena consciência de que seus caminhos pertencem a um labirinto único e universal. Universo este habitado por diversos minotauros que surpreendem: a poeta, em primeiro lugar, e depois a seus leitores, na língua original ou em traduções, como em *Atlântida* (Edição Ars et Vita), que reúne poemas já publicados no Brasil e outros pertencentes ao seu livro mais recente, editado em Israel (2019), e que deu o título à antologia brasileira.

Esse fenômeno se dá no cenário feito de um único idioma eleito para a sua expressão, o hebraico - a escolha de uma língua única ocorre na maioria dos casos de obras literárias. Mas Nitzán faz com que, ao *traduzir* situações imaginárias, vividas por ela ou por outras pessoas, israelenses judeus e também israelenses árabes, estas se revelem como detalhes da experiência humana independentemente da origem e da língua materna ou adquirida nos acidentes da vida. Cabe ao leitor entrar em sintonia com os poemas para perceber o mundo emocional, psicológico, político, cultural contidos na minuciosa *artimanha* dos textos de Nitzán.

São textos de alta voltagem, montados com elementos móbiles que deslizam azeitados pela sutileza dos detalhes mais sensíveis e chocam-se, por contraste, ao representarem desacertos que vão do cotidiano à tragédia rotineira, não rigorosamente circunscritos à geografia. A capilaridade é inerente à poesia de Nitzán, não por causa do óbvio elemento geográfico de suas andanças pelo planeta, ou da região onde ela vive.

Dizer "Israel" implica dizer as circunstâncias da vida israelense. Que se ligam pelo sim, pelo não, à realidade médio-oriental, de maneira imediata, afetada pelos conflitos locais e também exposta às instáveis correntes de força que inserem o país numa rede imensa e complicadíssima de relações ziguezagueantes e crises inesperadas, em que não existe pequena tragédia, pois tudo se relaciona e ganha proporções que vão do minimalismo individual dos habitantes até o grande conjunto de atrito em ondas alternadas. Sejam eles vizinhos, sejam concidadãos de outras culturas que convivem no espaço israelense habitado por judeus originários de uma centena de localidades diferentes, muçulmanos, cristãos, drusos, bahais e, claro, turistas a rodo. Assombrados por mitos, ideologias, desastres de todo tipo em meio aos quais talvez se insinue um raríssimo, urgente toque de ternura.

Vem daí o tempero carregado de idiomas que se cruzam pelas ruas, lembrando que, lá, a fronteira nunca é imperceptível, ela se faz presente o tempo todo. E os limites cambiantes, nem sempre percebidos à distância, também costumam se mostrar de modo impositivo. A violência pode estar no ar e no fato, ao sabor das pendências e interesses locais e internacionais, a repercutir entre os vizinhos compulsórios. Nitzán faz das realidades que outros vivem e ela também, se não pela presença óbvia, o estar onde vive, pela empatia envolvente. Objetivo e subjetivo é o seu cenário de universalidades traduzidas numa linguagem viva, exata. Tudo se imbrica e expõe-se ao leitor de modo inequívoco.

A solidariedade e a violência revelam-se, real profundo, no desencontro do indivíduo com ele mesmo, peça estranha aos demais e a si. O verso torna-se um instrumento da mais fina delicadeza e de poderoso impacto. Absorve o leitor em sua estrutura física e mental, colocando-o no centro da tensão e também da plenitude dos aspectos contidos nas palavras utilizadas pela autora que, enfim, projetam essa realidade feita de matéria e alma, até eclodir diretamente no coração do outro. Cada leitor saberá encontrar o desenho do mapa poético de Nitzán para se movimentar pelos meandros desse labirinto poético. Uma entrada, ou talvez a saída, pode ser, entre outros exemplos e possibilidades, o seguinte poema, sem título, que abriria o livro não no sentido do objeto, mas de seu conteúdo:

Quem nasceu sem uma língua mãe
caminhará o resto da vida
em sua própria trilha.

Levará o seu porão na cabeça
sua casa não saberá
que é a casa dela.

Às vezes um pássaro morto
pousará aos seus pés
fingindo uma sedutora folha de outono –

A bala de outros tempos derrete em sua língua
o prego enferrujado ainda está em sua garganta
quem nasceu sem uma língua mãe
já não soltará a língua de menina.

Esse poema não foi o primeiro texto literário escrito por Nitzán, mas tem um tom e poderia ser considerado um ponto de partida no xadrez que imagino ser a sua obra de linhas entrecruzadas; outros leitores com certeza escolherão outra imagem adequada ao seu exercício de interpretação e desvendamento. Sempre com a cautela necessária, pois armadilhas e descaminhos podem surpreender. Tomo a atitude por minha conta e risco. Na minha leitura, a poeta, com a perícia já mencionada, transformaria um acidente de percurso no próprio acidente da sua poesia. É dúbio ou múltiplo, claro. O caos doméstico expande-se para o mundo. Instala-se o inesperado diante da única certeza, o momento irrecuperável, que impede a personagem de "soltar a língua", vazada por um prego já enferrujado, ao sabor de uma bala (guloseima) antiga que ali se desfaz.

Ferrugem com açúcar, naquela menção ao prego impedindo qualquer possibilidade de que ela encontre a si própria em qualquer idioma (e lugar), expõe o mal-estar e também a única saída que resta não só à poeta, mas a qualquer ser humano, sempre estrangeiro a partir do suposto idioma de origem. Porque não há língua de origem, toda língua é uma artificialidade usada como instrumento - precário - de comunicação possível. Não à toa, Nitzán é considerada uma grande tradutora no país onde vive; ela convive profissionalmente com as insuficiências idiomáticas.

A consciência de não ter uma língua, como acontece com a personagem do poema, hipoteticamente autobiográfico, abre-se para o conhecimento, até experimental, da exploração de novos e possíveis territórios linguísticos com tudo o que isso implica, num exercício de sinestesia ao experimentar possíveis correspondências semânticas no lapso entre línguas. Equivalente ao flutuar sobre os idiomas cambiáveis e todos possíveis, em que também oscila a universalidade dessa língua que se coloca além de todas as demais, a fala da poesia:

> Cada noite nomes e palavras alçam voo e partir da mente de Íris,
> estrelas desprendidas ao revés, um derradeiro lampejo,
> desvanecem como um sonho deslumbrado ao despertar.
> É um erro, pensa Íris, um diagnóstico certeiro
> não é meia cura (diagnóstico ainda não desapareceu),
> ela vê, com precisão apavorante o que ocorre

Sem poder se salvar. Nossa Senhora das perdas,
das palavras arrebatadas. Nossa Senhora
das trevas.

Cada noite Íris míngua.
Numa casa do escuro subúrbio
cresce um bebê.
D. bateu sua cabeça contra a pedra
porque às três da manhã
Foi arrancada de seu sonho
algemada
D. bateu sua cabeça contra a pedra
porque a porta foi soldada
porque a maçaneta foi desencaixada
porque não havia porta
D. bateu sua cabeça contra a pedra
E recebeu três dons
E um grão de arroz envenenado
Suficiente para muitos dias
D. bateu sua cabeça contra a pedra
porque o carcereiro só sabia dar
uma única resposta, porque ela não sabia
que dentro da pedra há outra pedra.
Isso
Agora isso tem
vida própria,

maligna vida própria,
o conhecido e o desconhecido
não têm domínio sobre ele,
e se for contido
voltará e irromperá, sempre
mais destrutivo,
agarrando mais forte com a mão
imaginária a garganta não imaginária,
e não há nada bastante claro
que separe isso
do que não é isso.
Às vezes não há nada
que não seja isso.

O ponto da ternura

Aqui é onde mora a ternura.
Ainda que o coração, em seu silêncio,
Afunde pela cidade feito pedra –
Sabe que este é o ponto da ternura.
Segura minha mão neste mundo.
Vi uma mãe falando ódio ao filho,
Exterminando-o com palavras.
Vi um prédio ruir a pó,
devagar, piso por piso –
como precisamos de piedade,
como precisamos de alívio.

O cair da noite numa nuca não beijada

vai além da cura: para toda asfixia, de toda garganta, só há um

remédio.

Vê simplesmente, é o ponto.

Moacir Amâncio possui graduação em Comunicação Social pela Faculdade de Comunicação Social Cásper Líbero (1975) e doutorado em Língua Hebraica, Literatura e Cultura Judaica pela Universidade de São Paulo (2001). Atualmente é professor titulara da Universidade de São Paulo. Tem experiência na área de Literatura e Cultura Judaica, Literatura Brasileira, jornalismo, atuando principalmente nos seguintes temas: poesia, poemas, cinema, judaísmo, literatura e artes plásticas. Autor dos seguintes livros, entre outros: Os bons samaritanos e outros filhos de Israel *(crônicas e artigos sobre a vida israelense),* Dois palhaços e uma alcachofra, Do objeto útil *(poemas, Prêmio Jabuti 1993),* Figuras na sala *(poemas),* O olho do canário *(poemas),* Colores siguientes *(poemas),* Kelipat Batsal *(poemas),* Contar a romã *(poemas),* Óbvio *(poemas),* Ata, *reunião de livros de poemas anteriores e inéditos,* Matula *etc. Também traduz prosa e poesia do hebraico e outros idiomas:* Sumri, *Amós Oz;* Badenheim, *Aharon Appelfeld;* Carta a Fernando Pessoa, *Ronny Someck;* Terra e Paz, *Yehuda Amichai.*

Tal Nitzán é uma das mais importantes vozes da literatura hebraica contemporânea. É poeta, romancista, tradutora e editora. Recebeu diversos prêmios por sua obra literária; entre os quais, destacam-se o Prêmio Mulheres Escritoras, o Prêmio-Ministro da Cultura de Israel para Jovens Poetas e Livro de Estreia e outros. Publicou sete livros de poesia, dois romances, uma coletânea de contos e seis livros infantis. Seus poemas foram traduzidos para mais de vinte idiomas. Ela é a maior tradutora de literatura hispânica para o hebraico, sendo o seu trabalho de tradução reconhecido com a conquista de importantes prêmios, entre os quais a Medalha de Honra da Presidência do Chile por suas versões em hebraico dos poemas de Pablo Neruda.

24. Yael Hedaya

24.1 Accidents

Dor da perda e resiliência

Leniza Kautz Menda

> Um romance cativante sobre a vida familiar, sexo, amor e morte. Um romance instigante sobre a vida de uma família destruída pela morte da figura materna e os esforços de superação dos instintos destrutivos em prol da vida e do amor.
>
> HEDAYA, 2005

O romance *Accidents*, da autora israelense Yael Hedaya, se passa em Tel Aviv e Jerusalém, na época contemporânea. Embora circunscritos a cidades israelenses bem definidas, os episódios narrados englobam temas universais; entre os quais, o amor, o sexo, as relações familiares, a vida e a morte.

A autora coloca o leitor diante de personagens de diferentes faixas etárias e expõe as características inerentes a cada fase de suas vidas. O núcleo narrativo gira em torno de dois personagens principais, Yonatan Luria e sua filha Dana, com ênfase no relacionamento entre pai e filha após a morte da mãe, Ilana.

Yonatan Luria fora criado num ambiente secular; não fizera *Bar Mitzvá* e não seguia os mandamentos religiosos, embora respeitasse o *Shabat*. Era escritor, mas ficara bloqueado no processo da escrita por ocasião da morte de sua cônjuge. O temor de perder as ideias e a sobrecarga dos cuidados com Dana deixam-no completamente paralisado: "Antes da morte de Ilana, o barulho não o atrapalhava, mas, paulatinamente, vai perdendo o ritmo da escrita. As mãos pairavam sobre o teclado, mas não saía nada delas" .

Ele se questiona sobre o processo de escrita e se sente frustrado, pois, no seu íntimo, gostaria de ter escrito uma história de amor, à semelhança de Gabriel García Márques. Criou-se uma simbiose entre pai e filha. No fundo, ele queria proteger Dana, criança que perdera a mãe na mais tenra idade. Yonatan se sente culpado por deixar Dana sozinha e ele se torna um ser arredio e recluso, avesso ao contato social: "O entendimento deles era uma via de mão dupla: o viúvo sabia que não poderia proteger sua filha do que ela teria de enfrentar, ao passo que a filha teria que entender o pai silencioso."

Até mesmo abandonou, sem maiores explicações, o grupo de apoio a viúvos que passara a frequentar. Entre pai e filha, havia uma camada de silêncio e compreensão que começou a se romper quando Dana chegou à adolescência, etapa de sua vida em que o pai deixara de ser herói:

> Ela andava em diferentes direções, no meio da multidão. O que ela temia? A Rua Allenby, as bombas e o afogamento. Ele sempre estava tentando protegê-la, sem perceber que não poderia blindá-la das catástrofes internas em que ela vivia.

Dana demonstra curiosidade pela morte da mãe; deseja explicações detalhadas do lugar para onde os mortos vão, o que fazem, se ouvem música, se comem, dúvidas insolúveis até mesmo para os adultos. Pensar no Inferno a aterroriza, pois ela teme ir para lá. A garota se consolava afirmando para si mesma que a mãe havia sido piedosa, uma pessoa que cumpria os rituais religiosos acendendo velas às sextas-feiras e indo à sinagoga no Yom Kipur. Ela queria encontrar um lugar seguro para si, pois acreditava que as crianças religiosas iriam para o Céu.

Dana se torna uma menina insegura, avessa aos prazeres e passatempos desfrutados por seus colegas. No íntimo, ela se recusava a crescer e ficava chocada ao perceber o surgimento dos seios e as mudanças em seu corpo.

No entanto, sua amizade com Tamar, a colega de aula, e a convivência próxima com a mãe dela lhe servem de apoio e bálsamo. A ausência de Ilana, a mãe de Dana, é compensada pelo convívio e pela proximidade com a mãe de Tamar; já a ausência do pai da amiga (Tamar não o conhecia) é compensada por Yonatan, o pai de Dana.

Os fatos ocorridos no passado vêm à tona por intermédio do fluxo de consciência que permeia a vida da protagonista Dana. Ela quer ser a garotinha que fora antes da morte da mãe. A memória a conduz ao passado e Dana se recorda da morte da mãe, momento em que seus parentes tentaram consolá-la e levaram-na para se divertir, em vez de encarar a tragédia que ocorrera com sua progenitora. A mentira dos parentes, simulando uma situação falsa, prejudicou a criança no enfrentamento da realidade.

Após o enterro, quando o pai foi buscá-la para o retorno ao lar, ela sentiu a seriedade do semblante paterno. No íntimo, ela não desejava chegar à casa para não perder a esperança de que a mãe estivesse viva: "Ela não sentia a falta da mãe, mas da esperança que tivera durante aqueles minutos em que galgava a escada de mãos dadas com o pai."

A percepção e a tragicidade da morte da mãe mudam à medida que a menina amadurece; aos poucos, Dana se dá conta de que a imagem da mãe vai desvanecendo e a garota não mais a percebe como o anjo protetor que paira sobre uma montanha – o Céu: "Dana se deu conta de que, tivesse seu pai encontrado um novo amor ou não, a imagem de sua mãe estaria desaparecendo. E ela percebeu que a dor da saudade estava se tornando menor".

Yonatan revê suas memórias e faz um balanço do casamento com Ilana; ele se dá conta de que a relação estava permeada pela monotonia e pelo cansaço. Não havia mais atração sexual entre eles e as diferenças comportamentais em relação às crenças religiosas eram motivo de discórdia: "Ele levara anos para entender que Ilana não era sua mão esquerda, nem ele a mão direita dela – já não formavam um casal".

Portanto, era um relacionamento baseado na intolerância e apatia – algo fadado a se romper a qualquer momento.

O encontro com Shira, uma escritora que morava em Tel Aviv, representou um momento de transição na vida de Yonatan, visto que, a partir do relacionamento dos dois, houve uma espécie de rompimento dos laços que o unem à filha. Embora a rotina não tenha sido alterada, muitas vezes a jovem se sente traída porque o pai não poderia protegê-la dos conflitos internos característicos da adolescência.

Ela sente ciúmes da companheira do pai e encara, com repulsa, a liberdade sexual do casal e o exibicionismo do pai ao perambular pela casa com o torso nu: "Seu pai não era realmente seu pai, era um estranho que andava pela casa metade nu".

Shira é uma personagem solitária que cuida com zelo do pai viúvo e o protege dos males do mundo, assim como Yonatan fazia com a filha Dana, que passou a depender muito do pai, após a morte da mãe ainda bastante jovem. No caso de Shira, ela teve de lidar com a decadência física e moral do pai.

A proteção exagerada da filha era uma maneira de amenizar a depressão e a solidão paternas. A lenta agonia e a decrepitude do pai abalam profundamente a moça. Diante da morte, ela se sente muito perturbada e não encontra o alívio necessário para se recompor psicologicamente.

Ao observar o pai na morgue do hospital, a memória a transporta para a infância, para o dia em que seus pais a levaram à praia e, ao encontrar um cachorro, ela manifestara o desejo de ficar com ele, contrariando a relutância paterna. Aos olhos de Shira, o pai se transformara num monstro. A reminiscência surge quando ela vislumbra o rosto do pai morto com resquícios de lágrimas que jorravam de seus olhos naquela tarde de sábado na praia. Eram, na verdade, lágrimas de ódio, autopiedade e culpa.

O encontro de Shira e Yonatan, dois escritores paralisados em suas ideias originais, serve de estímulo para que ambos se questionem a respeito de seus processos criativos: "Para eles, as palavras se comportavam como cromossomos, formando combinações erradas e não havendo conexões entre elas" (HEDAYA, 2005).

> Eu não estou escrevendo porque sou inquieto, estou aqui para escapar da inquietude, mas não posso. E olho para você e imagino que você esteja aqui pelas mesmas razões. E ela quis dizer: Sim, exatamente pelas mesmas razões. Estou presa há muito tempo, ela disse. Eu também.

Há muitas diferenças entre o casal que se refletem no modo de vestir – Shira usava roupas nada convencionais, como se fosse uma andarilha; era agitada e brigona. Yonatan, por sua vez, se vestia como um lorde, à semelhança de seu pai. A conversa entre os dois girava em torno das coisas do dia a dia e era bastante prosaica. Ao relembrarem os fatos da juventude, constatam que as coisas simples daquela faixa etária já não têm o mesmo valor. Shira transmitia a ele certa paz, uma espécie de calmaria que aliviava a sua tensão.

Ela queria escrever um romance sobre a própria vida, a sua história a partir do fato de conhecido Yonatan na casa de Rona e Tamar. Ela se torna a personagem de sua própria narrativa e renega o livro que escrevera antes cuja história de amor lhe parecera *fake*. Na verdade, no relato havia um abismo entre o que as pessoas pensavam dela e o que ela pensava de si. No romance, ela fala sobre o processo de escrita e zomba dos escritores casados que possuem o melhor dos dois mundos: a estabilidade e a falta dela. A escritora mistura a sua vida pessoal à sua carreira literária ressaltando que os símbolos fascinam o leitor, mas não funcionam na vida real – ela queria sentir algo intermediário entre a paixão e a repulsa.

Quando Yonatan se depara com o livro de Shira, percebe que a narrativa estampava sentimentos opostos: um misto de paixão e repulsa. Essa aparente contradição dá um toque especial à narrativa, pois Yonatan reconhece a superioridade da escrita de Shira em relação à obra dele. Shira escrevia sob o impacto da felicidade, ao passo que Yonatan, quando estava feliz, se sentia incapaz de escrever, o que era uma forma de libertação. Shira tinha talento e mostrava-se inclinada a escrever; Yonatan, por sua vez, encontra na carreira acadêmica sua realização pessoal e, então, abandona a redação do livro.

Em *Accidents*, Yael Hedaya reflete sobre temas universais: os sentimentos humanos, o sofrimento diante da morte e do luto, as reminiscências do passado e as complexidades da vida. Por intermédio das diversas faixas etárias, a autora nos coloca em contato com a infância, as mudanças na adolescência, os dramas e escolhas da vida adulta, os conflitos interiores dessa fase e a decrepitude e fragilidade da velhice.

É o momento em que nos damos conta de nossa própria efemeridade, o momento em que a nossa fragilidade é exposta por meio da reflexão da protagonista Shira:

> Nós nos protegemos do envelhecimento dos nossos pais até o momento em que temos de despi-los e, então, eles de fato nos despem, nos fazem refletir sobre tudo o que sabemos sobre nós mesmos e sobre eles, desmoronam as paredes que construímos, as quais colapsam num instante (...)

O ciclo vital é exposto de uma forma realista e humana por meio dos momentos selecionados pela autora. O leitor, dessa maneira, se identifica com eles. De certa forma, o nosso ciclo vital vem à tona por meio de um quadro comparativo em que se exaltam as semelhanças e diferenças entre os seres de ficção e o nosso próprio ser.

24.2 Housebroken

Relacionamento conjugal

> Parecia estranho que fosse desse jeito – ou ela ou ele – que a sua felicidade dependia da infelicidade dele e vice-versa.
>
> HEDAYA

Nesse romance, constituído de três contos, Yael Hedaya narra as peripécias amorosas dos personagens em meio às tristezas, às alegrias, aos encontros e aos desencontros entre os mesmos.

No primeiro conto, intitulado "Housebroken", há a aproximação entre um uma mulher a quem a autora denomina "a mulher" e de um homem denominado "o homem", sem revelar o nome do casal de protagonistas. A ausência de denominação poderia ser um sinal da generalização da espécie humana, visto que o relacionamento que se estabelece entre ambos pode ser análogo ao de qualquer casal, em qualquer parte do mundo. Há ainda a presença de um cão que passa a fazer parte do enredo e imiscui-se no relacionamento amoroso de forma categórica já que o primeiro encontro entre a mulher e o homem ocorre quando ambos encontram o animal ainda filhote; este também não é denominado e passa a receber a alcunha de Anônimo.

Em inúmeros textos literários, existe a metáfora animal; muitas vezes, utilizada para representar o ser humano abjeto, em condição de sujeição, marginalização e degradação. A obra do escritor israelense Yoram Kaniuk, *Adam, Filho de Cão*, conta a história de um palhaço judeu de origem alemã que acaba como prisioneiro num campo de concentração durante a Segunda Guerra Mundial. O comandante nazista responsável pela administração do campo, o oficial Klein, poupa a vida de Adam Stein, pois se sente grato ao palhaço que o salvara da depressão de que fora acometido. O riso do palhaço, naquela ocasião, servira como sua redenção. A "salvação" do palhaço, no entanto, implicou uma dolorosa condição: Adam deveria fazer palhaçadas para amenizar o sofrimento dos prisioneiros condenados à morte em seus derradeiros momentos nos campos de extermínio.

Além dessa degradante imposição, o Comandante Klein exigiu que Adam se transformasse num cão, seu cão de estimação. Essa sórdida condição imposta pelo oficial ao palhaço acarreta a degradação do ser humano e a sua consequente animalização. Diante de Klein, nome que significa "pequeno", Adam não passa de um animal subjugado e sujeito às imposições e às variações de humor do nazista. Ele ordena que Adam viva como um cão, de quatro, uma vez que os judeus não poderiam se comportar como homens. Assim, o cão de botas, personificado por Adam Stein, é uma metáfora da animalização do homem levada às últimas consequências. Adam internaliza a imagem do cão, a ponto de valorizar o animal em detrimento do ser humano. O riso amargo provém do paradoxo entre a animalização do ser humano e a humanização do animal incorporado na figura do cão:

> Aprendi algo com o Kommandant Klein.
>
> Um cão é a concretização da liberdade de uma criança.
>
> Um cão é um selvagem domesticado.
>
> Um cão é a humanidade selvagem. Um cachorro tanto gosta como odeia as pessoas.
>
> Um cachorro pode ser treinado e, mesmo que odeie sê-lo, só lhe resta permanecer treinado.

> Um cachorro são olhos tristes e idiotice. Um cachorro é fidelidade sem fim. É um foco de piedade e, por vezes, olhos inteligentes e espertos. As pessoas podem ser mortas com facilidade, pergunte ao Kommandant Klein, mas quando os ingleses bombardearam Frankfurt e atingiram a Associação Protetora dos Animais, e cerca de cem cães morreram, mães de Frankfurt choraram, mulheres cujos filhos tinham voltado da guerra mutilados e cegos. Um cachorro é uma pessoa que permaneceu criança e não é mais um bebê. Num mundo desprovido de significados, porque não tem medo da morte e sim medo da vida - sim, a maior parte das pessoas têm medo das coisas erradas -, um cão tem um significado poderoso. (KANIUK, 2003, p. 91)

Em *Housebroken*, o primeiro conto do livro homônimo, deparamo-nos com o trio - uma mulher, um homem e um cão. O cão vagava sem rumo pelas ruas da cidade, vítima de constantes chutes e rejeitado em suas tentativas de fazer amizades. Antes de o casal encontrá-lo e domesticá-lo, era um animal raivoso que despedaçara a orelha de uma senhora. Temos aí a metáfora do animal acuado e abandonado; ao ser domesticado, portanto, torna-se dócil e companheiro, capaz de amar e ser amado. Inversamente ao cão Adam Stein, ser humano transformado em animal, o cão de *Housebroken* sofre um processo de domesticação e humanização.

A mulher e o homem se conheceram num encontro às cegas e iniciaram um relacionamento bastante instável e conturbado, resultante da solidão e da desesperança em relação ao presente. Quando encontraram o cão, levaram-no para a casa dela e alimentaram-no. Naquela noite, o pequeno vira-lata recebeu o carinho que lhe fora negado e correspondeu às carícias dos seus possíveis futuros donos com a linguagem corporal típica dos cães que demonstram afeto e abanando o rabo em sinal de alegria e aprovação.

O "casal" pensou em se livrar do animal tendo em vista a impotência de ambos para lidar com aquele compromisso. A mulher fica temporariamente com o cão em sua casa, mas o homem assume a tarefa de domesticá-lo. Ela demonstra insegurança, uma característica de seu temperamento, pois desconfia que o homem não voltaria a vê-la e abandonaria o cão. Segundo seu ponto de vista, o homem se comportava como um animal; ela convivia com a incerteza de sua volta e com a possibilidade do abandono como ocorrera com o cachorro.

Ambos haviam tido experiências sexuais e amorosas efêmeras, características do amor líquido, segundo o conceito do sociólogo Zygmunt Bauman: um amor descartável, que pode ser trocado a qualquer momento, um relacionamento frágil.

O homem nunca tivera relacionamentos que durassem mais de dois ou três meses e eles sempre giravam em torno de negociações da possível continuidade. Em geral, os acordos eram tediosos e previsíveis nos quais o homem sempre ganhava porque era aquele que determinava o fim dos relacionamentos. A mulher, por sua vez, tivera duas ligações decepcionantes: a primeira, com um advogado que transava sem demonstrar que não aceitava os relacionamentos sexuais anteriores dela; e a segunda, com um pintor divorciado de mau hálito e fraco desempenho sexual.

Os "amores líquidos" de ambos não eram sólidos, dispersavam-se e escorriam por entre as mãos como algo fluido e fugaz. O homem e a mulher eram solitários e continuavam nesse estado de fragilidade mesmo após se encontrarem e terem estabelecido uma convivência. A fragilização levava à ansiedade, condição tão familiar ao mundo contemporâneo. Tanto o homem como a mulher queriam estar juntos, mas sem a responsabilidade que a relação implicava. O compartilhamento do mesmo espaço físico na casa dela, embora cada um tivesse seu próprio espaço, era uma fonte de permanente angústia para eles. O homem sentia falta do estúdio onde morara e constatava que se afastar dele era como abandonar o amor de sua vida: "Ele queria manter o contato, cheirá-lo, andar pelo apartamento, abrir e fechar as janelas, acender e apagar as luzes (...)" A mulher, por sua vez, vivia insatisfeita e queixava-se de que, desde que ele se mudara para sua casa, ela se tornara uma escrava ao assumir as tarefas domésticas.

> A explosão lhe dava prazer mais do que a realidade propriamente dita. Ela se sentia como se estivesse numa montanha-russa à beira de uma descida radical e pressentisse que alguém do parque lhe sussurrasse para descer da montanha-russa antes que a próxima descida fosse fatal.

Além dessa queixa, a mulher se ressentia do comportamento machista do homem.

E o cão? Qual o papel desempenhado pelo vira-lata na trama narrativa? Ele é o elemento de ligação entre os dois protagonistas. O homem assume a tarefa de domesticá-lo: ele cuida do cão como se fosse seu próprio filho, fica extremamente desiludido e atribuiu a culpa aos seus genes quando o veterinário constatou que o filhote era apenas um vira-lata de tamanho médio.

Nos momentos em que o homem e o cão estavam próximos, a mulher sentia uma fusão entre ambos, o que a excluía do relacionamento. A desconfiança dela em relação ao homem e ao cão tinha a mesma proporção. A imagem do cão é refletida nos donos, pois, ao ser trancado no banheiro, o cão se sentia como um inquilino, dependendo do humor do casal. O animal não sabia se estava dentro ou fora de casa - ele se tornara um ser deslocado e amargurado. O cão era o apaziguador, porém, ao mesmo tempo, o culpado pela impotência sexual temporária do homem. Assim, na noite em que o cachorrinho foi expulso do quarto, o homem teve um desempenho sexual animalesco, com violência.

Havia uma atmosfera de amor e ódio entre o trio. A ausência de diálogo do "casal" contribuía para o estado de desolação do cão; ele, assim como seus donos, se sentia perdido: "Não era mais um cão de rua nem um cão domiciliar" (HEDAYA). Estavam no limbo. O cão pressentiu que algo ruim ocorreria entre o "casal". Após um período de separação, o homem voltou já domesticado e apaziguado e a mulher estava no mesmo estado de ânimo. O animal teve um papel primordial na reconciliação do "casal". A desumanização do homem e da mulher e a humanização do animal são elementos importantes no manejo dos desejos e das frustrações interiores.

O trio - mulher, homem e cão - percorreu um caminho de percalços, tristezas e renúncias até encontrar o apaziguamento interno e o amadurecimento pessoal.

Yael Hedaya nasceu em Jerusalém em 1964 e mora em Messilat Zion. Tem Bacharelado em Filosofia pela Universidade Hebraica de Jerusalém. Trabalhou como jornalista e colunista para o jornal Yedioth Ahronot. Foi a redatora principal de um seriado da HBO chamado **In Treatment.** ***Leciona escrita criativa na Universidade Hebraica, ganhou o Prêmio Primeiro-Ministro em 2001. Seu romance Accidents foi o finalista do Prêmio Nacional do Livro Hebraico em 2006.***

25. Yael Neeman

25.1 We Were The Future, A Memoir Of The Kibbutz

Marco da infância

Nurit Gil

> Um kibutz não é um vilarejo pastoril, cheio de personagens coloridos, galinhas e árvores de judas. Ele é um ato político.
>
> Yael Neeman

Yael Neeman nasceu em 1960 em Yehiam, um *kibutz* marxista sionista do Hashomer Hatzair (movimento juvenil judaico secular), na Alta Galileia. Esse romance autobiográfico lança um olhar fascinante não somente sobre a história do *kibutz* Yahiam, mas também sobre as esperanças e os conflitos de todo um movimento. Por meio de um relato em "primeira pessoa plural", por vezes onírico, por vezes direto, às vezes amoroso, às vezes crítico, ela descreve a infância em um mundo ideológico.

> Falamos no plural. Foi assim que nascemos, foi assim que crescemos, para sempre (...) A intenção

> não era soldar, mas, ao contrário, separar; separar os filhos do peso opressor dos pais, que os mimam e lhes impõem suas vontades com o leite materno e as ambições paternas. Separar e proteger os filhos da natureza burguesa da família.

Com uma prosa pungente, Yael aborda um dos maiores experimentos sociológicos já realizados em que, para construir um mundo melhor, era necessário estabelecer um conceito diferente de família e de lar.

> Nossa história parecia ser apenas um roteiro, um roteiro do sistema, que não era adequado nem para crianças nem para adultos. Nossos pais viviam paralelos a ele e nós, sob ele. Ninguém efetivamente vivia dentro dele porque ele não tinha sido feito para abrigar pessoas, apenas suas ambições e sonhos. Mas nós e nossos pais tentamos com todo o coração viver dentro dele; esse foi o experimento.

Mas vamos começar do início.

O *kibutz*, comunidade agrícola com propriedade, meios de produção e administração coletivas e um dos maiores movimentos comunais seculares da história, ocupa um lugar histórico na cultura israelense. Iniciado em 1909, teve um papel fundamental no estabelecimento do Estado de Israel, e seu caráter democrático e igualitário teve uma forte influência na sociedade israelense como um todo.

Degania, o primeiro *kibutz*, foi fundado por um grupo de jovens imigrantes judeus da Europa Oriental. Eles sonhavam em trabalhar a terra, criar uma nova forma de comunidade e um tipo diferente de judeu – mais forte e mais enraizado na terra, distinto da imagem dos judeus frágeis e marginalizados que sofriam pogroms na Europa (na realidade, a semente do movimento foram as *kvutzot*, que começaram na década de 1880 com os *chalutzim*, ou pioneiros da primeira *aliah*).

A comunidade que eles fundaram e as centenas de outros *kibutzim* que surgiram no país visavam realizar o princípio marxista atuando como um subproduto do experimento socialista.

Em 1950, cerca de 7% da população do país vivia em *kibutzim*, que na época desempenhavam um papel fundamental não apenas no desenvolvimento agrícola de Israel, mas também em sua defesa e liderança política. Os primeiros *kibutzim* eram frequentemente estabelecidos em áreas periféricas para ajudar na consolidação das fronteiras. Além disso, muitos dos principais políticos, intelectuais e líderes militares de Israel, nas décadas de 1950 e 1960, vieram do movimento kibutziano.

De acordo com o ideal de igualdade econômica total, os membros do *kibutz* comiam juntos em um refeitório comunitário, usavam as roupas do *kibutz* e compartilhavam a responsabilidade pela criação dos filhos e da sua educação. Uma das facetas mais controversas foi a casa de dormir comunal para crianças, adotada em 1918 e aplicada a todos os *kibutzim*, exceto aos mais antigos (Degania Alef, Degania Bet e Ein Harod). A "Sociedade das Crianças", um dos principais pontos do livro, moldou o futuro dos que cresceram no movimento.

De todos os aspectos da vida no *kibutz*, é a casa das crianças que exerce maior fascínio. A ideia da criação coletiva dos filhos nasceu, em certa medida, da necessidade (as mães precisavam voltar para o trabalho numa época de imensa escassez e dificuldades no país), mas havia também um componente ideológico: somente destituindo a família nuclear, instituição da sociedade capitalista burguesa, poderia ser criado um novo homem, mais justo e igualitário.

Após o nascimento, os bebês eram levados para essa casa - as mães amamentavam seus bebês lado a lado, em visitas sincronizadas e no mesmo horário para garantir que nenhum recebesse mais leite ou atenção do que outro -, onde permaneciam até os 12 anos, quando, então adolescentes, se mudavam para uma instituição educacional experimental e "autogovernada" do Hashomer Hatzair.

Na infância, as crianças visitavam a família diariamente das 17h30 às 19h20, mas eram estranhos tentando conviver no mesmo espaço por menos de um par de horas: "Vivíamos em universos paralelos, os adultos e as crianças, cada um com os seus problemas. As crianças não sofriam com os pesadelos do Holocausto dos adultos, e os pais pouco sabiam sobre a vida dos filhos" (NEEMAN, 2011). A escrita de Yael explora o vão entre os mundos - o mundo dos adultos idealistas e o mundo das crianças que vivenciaram diretamente as fissuras do sistema.

Uma das principais críticas do livro está presente na contraposição entre a concepção experimental, idealista, e a estrutura rígida, conformista. Isso é visto na forma como as cuidadoras educavam as crianças, no papel da mulher que acabavam invariavelmente confinadas à cozinha, à lavanderia e à casa das crianças, ou mesmo na forma como se lidava com crianças com "problemas especiais". Além disso, os *kibutzim* do Hashomer Hatzair seguiam uma cartilha definida pelo comitê central que era engessada em seus conceitos de liberdade e renovação.

> Não sabíamos, em 1960, que nascemos de uma estrela cuja luz havia morrido há muito tempo e agora estava a caminho do mar. Não sabíamos que ela iluminava apenas a si mesma. Pensávamos que estávamos crescendo e iluminando um caminho. (NEEMAN, 2011)

No decorrer dos anos, a força ideológica dos *kibutzim* começou a esmaecer. No final da década de 1970, com a saída do Ha'avoda (partido trabalhista) do poder, eles começaram a perder sua posição privilegiada na sociedade israelense. Além disso, as crises inflacionárias e o endividamento de muitos *kibutzim* a partir da década 1980 forçaram uma reestruturação, que, em muitos casos, significou a privatização, a introdução do trabalho assalariado e a construção de novos bairros com moradias particulares para não membros.

Aos 21 anos, Neeman deixou o *kibutz* (permanecer nele era uma opção, e esse é um grande diferencial do movimento como prática social experimental) - e ela não foi a única. Durante esse período, cerca de metade dos jovens dos *kibutzim* foi embora. Quase 50 mil pessoas nasceram e foram educadas nos *kibutzim* Hashomer Hatzair desde a fundação do movimento até o fim da criação infantil comunitária na década de 1990.

> Foi a saída das "crianças" do *kibutz*, não a questão da casa de dormir comunal, que destruiu os *kibutzim*. A incapacidade dos pais de ajudar seus filhos quebrou seus espíritos. Os cobertores que os irritavam em suas camas quando se separaram de seus filhos no hospital não podiam mais cobri-los. Seus pés permaneceram plantados em suas vidas voluntárias, mas seus corações fugiram do *kibutz*, para além da cerca, em direção a seus filhos, ou à sua própria juventude, que havia sido deixada para trás. Eles vagaram por suas vidas atuais como pais enlutados, querendo uma coisa mais do que qualquer outra: ajudar seus filhos. A fenda ocorreu em todos os lugares. Apenas um número muito pequeno de famílias não foi separado. Quase metade das crianças dos *kibutzim* partiu durante esse período. (NEEMAN, 2011)

A culpa que Yael sentiu com a saída e a falha do sistema em atingir seus objetivos são onipresentes nos capítulos finais.

> A beleza do nosso kibutz era incrível. Nós nunca poderíamos nos acostumar com ela. Todos nos sentíamos indignos dele e do sistema. Quem poderia dizer não a uma tentativa de criar um mundo melhor, igualitário e justo? Nós dissemos não. (NEEMAN, 2011)

O livro é uma verdadeira joia, que conta a história desde seu cerne, expondo a beleza e as falhas de um movimento por intermédio do olhar de alguém que cresceu moldado por uma ideologia, por vezes enaltecendo e, por outras, dilacerando um movimento social tantas vezes romantizado.

Nurit Gil nasceu em São Paulo, mas viveu em Porto Alegre tempo suficiente para não se lembrar da vida antes do "Bah!". Formada em Publicidade, pós-graduada em Marketing. Já fez de tudo um pouco: produziu peça de teatro, bateu cartão em empresas nas áreas de Marketing e vendas. Empreendeu, publicou um livro. Plantou árvores e teve dois filhos. Desde 2017, vive em Israel onde decidiu escrever seus próximos capítulos.

Yael Neeman nasceu em 1960 no kibutz Yehiam e, nos anos 1980, mudou-se para Tel Aviv. Fez seu Mestrado em Literatura e Filosofia na Universidade de Tel Aviv. Trabalhou como editora literária em várias editoras. Na década de 1990, começou a escrever sua própria obra. Em 2011, publicou seu terceiro livro We Were the Future*, que descreve a sua infância e adolescência no kibutz Yehiam, o qual se tornou um best-seller.*

26. Yaara Shehori

26.1 Aquarium

Cicatrizes da vida familiar

Leniza Kautz Menda

> Caro Sistema:
>
> Meu nome é Lili. O nome da minha irmã é Dori. Nosso pai é surdo. Eu também sou surda. Minha mãe tem dificuldade para falar. Dori e eu estudamos em casa. Algumas vezes nós dormimos em uma única cama. As pessoas pensam que Dori é surda, mas ela não é. Você precisa ensiná-la a falar e ouvir, mesmo que ela não queira.
>
> Atenciosamente,
> Lili Ackerman.
> SHEHORI, 2021

Nesse trecho transcrito, temos uma descrição resumida do enredo do livro da escritora e poeta israelense Yaara Shehori. A família Ackerman vivia isolada, sem muito contato com o mundo exterior. As duas filhas, Lili e Dori, tentam se proteger refugiando-se numa macieira do quintal. A árvore delas era o centro do mundo, em cujos galhos Lili e Dori construíram uma cidade imaginária. Assim, as irmãs ficavam protegidas do mundo de zombaria da vida real. Eram vistas, pelos outros, como uma simbiose: "As irmãs surdas - demônios noturnos, criaturas mitológicas destinadas a fazer um pouco de barulho e, depois, mergulharem nas profundidades aquosas" (SHEHORI, 2021). No entanto, não eram seres passivos, pois, por mais que recebessem agressões e pedradas, costumavam revidá-las atirando as pedras de volta. Apesar de serem vistas pelos outros como loucas ou defeituosas, elas conheciam a sua própria natureza e sua força interior.

Lili se torna a escritora e Dori, sua leitora e ouvinte. Portanto, a narrativa é marcada pela maneira como as histórias são contadas, seja pela linguagem dos sinais, pela fala ou ainda pela linguagem escrita. Muitas vezes, porém, essa união é rompida, pois Lili se atém aos fatos, ao passo que Dori revela inclinação para a fantasia e para o questionamento desses fatos.

Unidas contra um mundo hostil e estranho, as meninas e seus pais consideravam a audição como pescar em um aquário. Na bolha em que estavam inseridas, não havia o contato com as crianças da vizinhança que preferiam não se juntar a elas por temerem o diferente. Os pais proibiam o contato delas com o mundo exterior e desconsideravam as suas frustrações em relação a um contato social salutar. A linguagem poética de Shehori aproxima o leitor das garotas cujo futuro era incerto e imprevisível:

> Ambas temiam pensar nas mulheres que se tornariam quando crescessem, mulheres sem voz, sem nenhuma qualidade assim como a pequena sereia que perdera a sua cauda e sua voz e cuja melhor opção fora se transformar numa estátua.

A primeira vez em que entraram em contato com o som foi por intermédio dos tios maternos quando foram visitá-los. Com eles, as irmãs aprenderam a ler as palavras pronunciadas pelos lábios de peixe dos tios. Como a sala estava iluminada, elas podiam perfeitamente ver o abrir e fechar dos lábios, a língua subindo em direção ao palato, as fileiras de dentes. Aqueles movimentos inusitados despertaram uma espécie de mal-estar nelas, uma sensação de desgosto e terror diante daquela visão. Em sua comparação com os pais, os tios lhes pareceram imensamente velhos, como se fossem peixes que tivessem sido comidos e apenas suas espinhas brilhantes tivessem sido deixadas no prato.

A cisão entre as irmãs ocorre quando os inspetores e o assistente social vão à casa da família Ackerman e, compulsoriamente, levam Dori para um internato. As autoridades acusaram os pais de negligência em relação ao estudo e desenvolvimento integral das meninas. Lili permanece na casa, mas é vítima da indiferença dos pais. As irmãs, afastadas, passam a viver em mundos diferentes, enfrentando percalços, relacionamentos conturbados e ressentindo-se da falta de um convívio fraterno.

O mundo de Dori vem abaixo quando ela é afastada da família; a sensação de estranhamento se apossa dela, embora houvesse um grande investimento em sua pessoa no sentido de despertar as suas habilidades da fala, visto que ela podia ouvir:

> O mundo inteiro, o mundo do qual ela fora tirada, estava muito distante. Ela fora vítima de um rapto, embora ninguém a tratasse como tal (...) Todo mundo que ela via, moldava a sua própria boca, atendo-se agressivamente ao clique de sua língua, a fricção do palato, ao ranger dos dentes (...) Eles eram pacientes. Esperavam que ela co-

meçasse a falar porque ela tinha a habilidade de ouvir. Anos de calculado fingimento (assim era dito), de contágio histérico (segundo a opinião da minoria), finalmente teriam que ter um fim. Apesar de tudo, surda não significa muda e a garota a quem chamavam D., de acordo com os registros semioficiais, a garota podia ouvir. Um simples exame era suficiente para verificar isso, e o fato de ter demorado tanto para atingir esse passo acusava uma mera negligência.

Lili, por sua vez, embora pudesse falar, decide se calar. Durante anos, mantém-se muda como uma pedra ou como "a sereia cuja voz fora extirpada". A falta da irmã e a pressão exercida pelo mundo exterior a impedem de se desenvolver plenamente como pessoa. A sua forma de se comunicar era escrever cartas para Dori nas quais expõe, com saudosismo, os fatos de suas infâncias e as mudanças que ocorreram em sua vida. Nem sempre Dori lê as suas cartas, pois ela não se atém aos fatos. Os traços do passado vão se apagando e, na percepção dela, muito do que ela vivenciara não passara de ilusão.

Após muitos anos, há o reencontro da família, cobranças são feitas e muitos fatos são encarados sob o ponto de vista dos protagonistas. Dori cobra, mas não culpa os pais pelo abandono até porque ela percebe que a surdez era inofensiva. Na concepção dela, se o mundo fosse um som perfeito de bondade e gentileza, certamente elas poderiam ouvi-lo. Ela, Lili, por sua vez, desconhece os pais que tivera; ela desconhece aquelas pessoas a quem deram o rótulo de pai e mãe.

O romance nos encanta porque Yaara Shehori aborda o tema da união vigorosa entre duas irmãs durante a infância e as consequências que repercutem durante o seu afastamento.

É uma narrativa que põe sob o holofote as relações familiares, a ilusória tentativa de proteção às filhas surdas num mundo em que os sons exteriores são motivo de feiura e destruição. O silêncio da surdez serve como manto protetor ao mesmo tempo em que impede o crescimento das pessoas.

Yaara fala sobre as diferenças e ressalta o olhar atento que devemos ter em relação às minorias excluídas da sociedade.

Yaara Sheori é uma romancista e poeta israelense. É editora de literatura hebraica na Keter Books desde 2013. Em 2015, recebeu o Prêmio Primeiro-Ministro pelos trabalhos em língua hebraica. Tem PhD em Literatura Hebraica pela Universidade Hebraica de Jerusalém e fez parte do Programa de Escrita Internacional da Universidade de Iowa. Em 2017, ganhou o Prêmio Bernstein pelo melhor romance original em língua hebraica.

27. Yochi Brandes

27.1 The Orchard - Rabi Akiva e Rachel: o amor ao estudo da Torá

Uma história de coragem e amor

Leniza Kautz Menda

> Há três anos comecei minha vida de reclusão nesta caverna. Permaneci viva somente para poder escrever esse livro. Dentro de cinco semanas, vou depositá-lo nas mãos firmes de Miriam. Ainda não a chamei. Quando ela der à luz, eu vou desaparecer, pois não poderia suportar olhar para a criança.
>
> BRANDES, 2017

Este romance, da consagrada escritora israelense Yochi Brandes, narra a história de nossos sábios como criaturas de carne e osso num período histórico pós-destruição do Segundo Templo de Jerusalém.

A epígrafe de cada capítulo do livro *The Orchard* serve como pano de fundo para a compreensão do drama que envolveu a vida de Rachel, a mulher que amou o sábio Rabi Akiva.

Entre os eruditos citados no livro, destaca-se Akiva, um pastor iletrado, pobre, velho e casado. Rachel, a filha do rico Kalba Savua, estava noiva de Ishmael; ela, entretanto, rejeita o noivo porque se apaixonara por Akiva. Rachel se sensibiliza com a bondade e a modéstia do pastor, o qual encontrava significados ocultos nas entrelinhas da Torá, embora a desconhecesse pela falta de estudo.

Rachel era culta e letrada. O pai fora seu mestre no estudo da Torá, algo bastante raro considerando-se a condição feminina e a época histórica em que viveram. O pai a rejeita no momento em que ela assume o relacionamento conjugal com Akiva.

A filha de Savua alimenta o sonho de que Akiva estudasse a Torá, mas ele se mostra bastante relutante em relação ao desejo de Rachel:

> Eu quero te ensinar, Akiva
>
> Pastores não têm a necessidade de aprender
>
> Por que não?
>
> As letras não penetram no meu coração.
>
> Como você sabe?
>
> Eu já tentei.
>
> Então, tente de novo. A cada dia, eu vou gravar uma letra no chão. Vou te ensinar a ler em pouco tempo.
>
> Eu não vou conseguir.
>
> Eu quero tentar.

Rachel era uma espécie de profetisa. Ela conseguia penetrar na alma de Akiva ao vislumbrar a sua modéstia e sabedoria.

Akiva percebeu que as gotas d'água que caíam sobre uma pedra conseguiam perfurá-la e concluiu que, se a água, que é tão mole, pode furar uma pedra dura, as palavras da Torá certamente poderiam deixar uma marca em seu sensível coração. Essa constatação, aliada à persistência de Rachel, acabam sobrepujando a resistência de Akiva e ele parte para a *yeshivá* de Yavne a fim de estudar a Torá.

Rachel e Akiva passam por inúmeras provações para conseguir o sustento diário. Ela vende o seu cabelo por uma pequena fortuna, suficiente para arcar com os estudos de Akiva. Na solidão, Rachel adota uma existência de extrema pobreza e dificuldades para criar os dois filhos que tivera com o pastor. Torna-se uma *aguná* (mulher abandonada pelo marido e sem liberdade para ter uma vida normal, visto que até os seus filhos eram discriminados). Metaforicamente, ela se torna uma mulher algemada a um homem ausente:

> Meus anos de aguná são muitos e difíceis, mas podem ser resumidos em poucas palavras. Meu nome é Rachel, mas eles me chamam de "aguná". Eu tenho dois filhos: uma filha que é saudável e forte e um filho que é doente e fraco. Eu os sustento lavando roupas dia e noite (...) Dia após dia, uma semana após a outra, ano após ano, cada dia é como o dia anterior. O que pode possivelmente acontecer na vida de uma aguná? Eu permaneço viva para contar a história de Rabi Akiva. Continuo viva para escrever esse livro. Eu tenho que contar.

Rachel, como *aguná*, se torna uma mulher reclusa e amarga. Ressente-se de não poder proporcionar aos filhos uma infância boa e digna: a infância sem privações que ela tivera no conforto da casa de seu pai. Ela se sente abandonada pelas duas figuras masculinas que poderiam auxiliá-la na dura jornada que escolhera para si mesma:

> Os dois homens da minha vida me abandonaram por razões opostas - meu pai me renegou porque não realizei o seu sonho, e o meu marido não retornou porque eu queria muito realizar o sonho de meu pai. Os dois rivais amargos estão agora unidos através de uma cruel reviravolta de fé e se tornaram parceiros na traição devido ao meu comprometimento ao meu marido, e meu marido me traiu devido ao meu comprometimento ao meu pai.

Akiva, na *yeshivá* de Yavne, começa a se dedicar a fundo ao estudo da Torá. O pastor que, em sua vida pregressa buscava a existência de Deus nas florestas e no silêncio da caverna, agora se torna um devoto da Torá: "Deus está na Torá. Eu sinto a Sua presença à medida que me aprofundo no conhecimento, muito mais do que eu a sentia na luz do céu no teto da caverna ou no gotejar da água na pedra" (BRANDES, 2012). O estudo das leis era fundamental para a percepção de Deus com o coração; essa forma de vislumbrar a existência divina constituía um apelo importante para agregar alunos que viam, em Akiva, um verdadeiro mestre. O início tardio de Akiva no estudo da Torá não se tornou um empecilho, e sim uma vantagem, uma vez que a sua ignorância anterior o libertava das amarras das interpretações aceitas ao longo dos séculos. Essa forma de pensar e interpretar a Torá atraía as gerações mais jovens que percebiam o mestre como um livre pensador, alguém capaz de transmitir o conhecimento de forma inovadora, e não sectária. Portanto, ele, que se recusava a ser um joguete nas mãos dos sábios, tornou-se um erudito com ideias próprias e autênticas:

> O estudo da Torá deve nos proporcionar prazer. Todos os sábios percebiam a Torá como um meio de tomar decisões legais; o foco de Akiva não era a praticidade, mas um modo de valorizar o estudo por si mesmo. Ele atraía seus alunos, pois tornava as suas aulas uma fonte de prazer e renovação. Através dele, houve uma quebra na tradição rabínica visto que a Torá poderia ser acessível tanto para a elite mais rica como para as massas populares - a Torá por si mesma (BRANDES, 2017, p. 212)

Se analisarmos a época histórica em que Akiva viveu, perceberemos que o povo judeu estava extremamente dividido, evidência de sua fragilidade. Uma das razões da destruição de Jerusalém fora o ódio primordial, não houvera uma mobilização do povo para lutar contra os inimigos externos: a divisão entre facções opostas - Sicários contra Fariseus, Saduceus contra Nazarenos, Essênios, odiando o povo comum. Nesse cenário de ódio e antagonismos cruéis, Akiva se destaca pela sensatez e conciliação porque entende que a união traz a força e dificulta a destruição.

Além dessas rixas entre facções, há uma divisão interna quanto ao método de estudo da Torá disseminado pelas escolas de Hilel e Shamai. Ambas apresentam metodologias diferenciadas no tocante às questões oriundas da prática da Torá: enquanto a escola de Shamai adota uma posição conservadora e tradicional em relação ao estudo da Torá, a de Hilel defende uma posição mais flexível e condescendente com ideias inovadoras. Rabi Akiva adota uma posição intermediária, pois ele segue o seu coração ao manter a tradição e adotar uma posição mais flexível quanto às regras e normas do Judaísmo.

Até a época de Rabi Akiva, a Torá Oral, cuja transcrição era proibida, não era classificada nem organizada segundo seu conteúdo. Rabi Akiva inicia, então, um trabalho de classificação de cada uma de suas leis de acordo com o respectivo teor. Assim, ele preservou a Torá Oral, assegurando a sobrevivência do Judaísmo.

Embora Akiva fosse um legislador da Torá, também era um místico. Foi um sábio que adentrou o *Pardêss* - o Jardim Místico - e vivenciou o *há-Olam Habá* (Mundo Vindouro). Foi o único sábio a voltar em paz consigo mesmo, pois fora o único a aprender a harmonizar sua existência física com a espiritual.

Rabi Akiva teve uma visão profética que, infelizmente, previa as perseguições ao povo judeu desde os mais remotos tempos as quais passavam de geração a geração. Segundo ele, os reveses a serem enfrentados pelos judeus durariam séculos e séculos de aniquilação desse povo:

> Batalhões de homens armados vão guerrear contra seus inimigos de diferentes fés e, no caminho, irão massacrar os judeus onde quer que estejam morando - os velhos, as mulheres e bebês. Uma guerra vai suceder a outra e, mesmo que a batalha tenha terminado, o ódio a nós se tornará mais forte de uma geração para a outra. Vão nos acusar de todos os males do mundo. Dirão que somos gananciosos, traidores, dominadores e que personificamos o mal. Não haverá nenhuma injustiça ou ato de corrupção que não seja atribuído a nós. Eles nos culparão por qualquer desgraça ou praga. Espalharão calúnias monstruosas sobre nós - que matamos bebês, envenenamos os poços, assamos as matzót com o sangue de crianças

> (...) Dentro de quinhentos anos, irão nos despedaçar com dispositivos de tortura de modo a que abandonemos a nossa fé. Eles nos expulsarão das terras em que nos estabelecemos e seremos forçados a peregrinar por terras geladas e cobertas de neve e homens a cavalo irão destruir nossas casas, estuprar nossas mulheres e matar nossos filhos (...) As imagens se tornam cada vez piores: cercas altas de ferro. Chaminés estreitas cortando a linha do horizonte e uma espessa camada de fogo saindo delas. O cheiro de carne humana carbonizada enchendo o ar. E corpos, milhares de dezenas de milhares de corpos do povo de Israel - emagrecidos, esquálidos, torturados, o terror da morte ainda visível em seus olhos arregalados.

Até que ponto essas profecias de Akiva são verdadeiras? A narradora as projetou com sua versão do presente e dos fatos que ocorreram no passado? Os acontecimentos previstos pelo Rabi Akiva realmente aconteceram e vêm ocorrendo até hoje com o ressurgimento do antissemitismo, a ascensão dos grupos neonazistas e a intolerância ao diferente.

A história de Rachel e Rabi Akiva pode ser vista como uma história de coragem e amor: a coragem feminina de ter abandonado seu lar de riqueza e conforto, o desgosto diante do desprezo de seu pai, a sua convicção de que Akiva se tornaria um grande sábio e estudioso da Torá, o amor pelo estudo e a preservação dos valores judaicos. Sim, é verdade que ela se tornou uma mulher amarga, ressentida, calejada pelo trabalho e pela lida com os filhos, decepção com a filha Hanah que se tornou uma aguná como ela. O amor e o reconhecimento de Akiva, no entanto, sobrepujam todo o sofrimento de Rachel visto que ele expressa gratidão a ela por ter valorizado a Torá e ter vislumbrado, em seu caráter humilde e bondoso de pastor, o sábio que ele se tornaria. O diálogo ocorre na véspera da morte de Akiva:

> Ele ergue os olhos para mim. Meus lábios se aproximam dos dele e digo numa voz forte: "A Torá - a Torá viva que se renova por si mesma, que tu nos deste. Nós a estudaremos com paixão, com prazer, com alegria. Cada geração irá encontrar seu caminho e tirará o consolo da mesma. Deus não interfere com o que acontece no Seu mundo, mas Ele não nos abandonou. Ele te enviou para nós. A tua Torá nos dará força para suportar o sofrimento de nosso destino.
>
> Passo meus dedos sobre os dois furos que cortam a sua testa, sinto sua respiração em meu rosto e digo vagarosamente, como numa canção: Akiva, meu marido. Tu esperaste toda a tua vida por este momento. Tu procuraste por Ele nas cavernas, tu gritaste Seu nome nas florestas, tu tentaste encontrar Suas pegadas nos seixos úmidos do poço. Amanhã vai acontecer. Amanhã tu O encontrarás. Amanhã tu mesmo irás ouvir o que Deus tem a dizer sobre a sua Torá - a Torá que deste ao povo de Israel.
>
> Subitamente, eu ouvi a sua voz atrás de mim: "Tua".
>
> Eu parei e o encarei.
>
> "O que é meu, Akiva?"
>
> Ele me olhou como nunca o fizera antes.
>
> "A Torá que eu dei para a nação de Israel é tua".

Yochi Brandes nasceu em 1959, em Haifa, numa família de rabinos hassídicos. Ela tem bacharelado em Estudos Bíblicos e mestrado em Estudos Judaicos. Brandes lecionou a Bíblia e Judaísmo por muitos anos e também teve oficinas de escrita criativa. Sua escrita é inspirada por fontes judaicas: a Bíblia, os escritos dos sábios de Israel, a lei e as rezas judaicas, a Cabala e o folclore hassídico. Publicou romances e ensaios sobre mulheres bíblicas que se tornaram best-sellers em Israel.

28. Yona Wallach - Rachel Bluwstein

28.1 Poetas e Transgressoras

Moacir Amâncio

Rachel Bluwstein e Yona Wallach, um pouco distantes no tempo e ainda mais distantes no comportamento e na poesia hebraica escrita durante o século XX, na então Palestina e, depois, em Israel, podem formar uma dupla em diálogo íntimo. Isso, de acordo com a percepção da segunda autora, Yona, que usa capítulos de diferentes épocas para construir um diálogo íntimo que, a esta altura, assume ares de lenda.

Rachel engajou-se no movimento sionista, ainda recente, e seguiu rumo ao Oriente Médio. Era o tempo das migrações entusiastas, a partir da Europa sobretudo. Como se sabe, o Velho Mundo foi berço do movimento que propunha a mudança do povo judeu na imagem e na mente rumo à criação dos novos modos de se viver numa região universalmente mítica. Queriam superar a imagem do oprimido, escorraçado, de vítima, e assumir a própria capacidade de enfrentar os desafios revolucionários como resposta aos pogroms na Rússia, ao caso Dreyfuss e a infinitos outros exemplos emblemáticos. O objetivo era criar uma existência renovada, contemporânea e "livre".

Nascida na Rússia (1890), Rachel decidiria dedicar a vida à educação das crianças judias naquele cenário de contrastes radicais: entre regiões pantanosas, infestadas pela malária e o deserto, sob dúbio controle britânico - frente aos árabes e aos judeus -, já após a Primeira Guerra Mundial e o fim do Império de Otomano. Morreu jovem de tuberculose em 1931.

O feminismo israelense do século XX veria nela um exemplo de mulher impedida de avançar em suas realizações pessoais e sociais no espesso universo patriarcal. A evocação das bíblicas Raquel e Ana sugere a consciência profunda das causas da não realização completa dos seus objetivos. Assumiria, nesse sentido, um papel de porta-voz do desencanto e da incontida indignação da mulher:

Um filho (Rachel)

Oxalá tivesse eu um filho! Um menininho,
De cachos negros e esperto.
Pegá-lo pela mão e caminhar devagar
Pelas trilhas do jardim.
Um menino.
Menininho.

Uri eu o chamaria, meu Uri!
Delicado e transparente é o breve nome.
Gota de luz.

O meu menino moreninho
"Uri" -
Eu o chamarei!

Ainda amargarei como Raquel nossa mãe.
Ainda rezarei como Ana em Shilô.
Ainda esperarei por Ele.

Nesse poema, manifesta-se a dúvida sobre a realidade que a dona da voz lírica ajudava a construir com seu esforço pessoal, sua coragem, sua disposição ao sacrifício e que, enfim, coloca uma grande interrogação quanto à validade do próprio passado e à própria realidade do sacrifício de sua vida:

E talvez essas coisas nunca tenham existido
E talvez
Eu nunca tenha madrugado para ir ao pomar
A fim de trabalhá-lo com o suor do meu rosto?

Nunca, nos dias longos e abrasantes
Da colheita,
Nas alturas da carroça lotada de feixes
Entreguei minha voz à canção?

Nunca me purifiquei no azul tranquilo
E puro
Do meu Kineret... oh, Kineret meu,
Existias ou eras quimera?

É como vítima, além de precursora em negativo, que Yona Wallach, nascida em Kiriat Ono, 1944, veria Rachel num espelho imaginário e a cultuaria, ao se tornar musa da contracultura israelense dos anos 1970 e 1980. Yona, que também se via como uma mística, assumia a reencarnação redentora de Rachel, ou da imagem de Rachel, representante da pioneira de outra geração. O vanguardismo de Yona incluía, além da expressão literária como veículo das suas propostas e do próprio comportamento, o desafio às ideias conservadoras em todos os campos.

Sua arte passou da poesia impressa para a performance, o *rock*, a irreverência franca e risonha ou intempestiva na rua, no palco, na letra. Yona anunciava-se como sucessora de Jesus, reencarnação de Rachel, na arte e na vida. Disposta a não aceitar constrangimentos. Assumia galhardamente a condição bissexual, por exemplo. Poemas seus viraram letras de rock. Confrontava, em suma, a ideologia falocêntrica tradicional. Ela se criava como heroína de seu tempo projetando-se para todos os tempos, presente, passado e futuro. Escreveu poesia lírica e panfletária sem pudor estético ou moralista, vida e arte indissolúveis. O título de um de seus poemas pode ser traduzido como *Ele É Minha Namorada*.

Tratava-se da liberação de uma nova identidade ou novas identidades num pacote só. Uma nova humanidade. Rachel seria heroína lendária do pioneirismo e da garra das mulheres judias. A doença compõe o senso trágico de seu canto e da revolta pulsante nos versos. Os poemas trazem dentro deles a pergunta mais angustiante, em função da doença. Mas ela teria conseguido a plena realização, ou o que fosse possível imaginar como tal? A questão é bem trabalhada por Ratok, em livro que recupera a experiência de Rachel já sob o ângulo do feminismo rumo ao final do século passado e do papel da mulher neutralizado pelo sistema ao qual ela dera o melhor de si, de acordo com os padrões vigentes.

O exemplo inspirador de Rachel seria evocado de modo provocativo e radical nos anos 1970 pela figura de Yona, poeta israelense nata, impregnada de ideias místicas e messiânicas, cujas contradições prenunciariam a redenção não "apenas" da mulher, mas também do homem, incorporado nela mesma, pelo fato de ela assumir a bissexualidade e a afronta a valores tradicionais de masculinidade e feminilidade como necessariamente naturais.

Yona jamais se recolheria, pelo contrário, até a morte, também precoce causada por um câncer no seio, aos 41 anos, mesma idade de Rachel ao falecer. A morte antes da hora bate de modo surpreendente com a previsão da moça de Kiriat Ono sobre o próprio fim da sua entrada. Viajante do barco da contracultura, ela desafiava, sem a menor cerimônia, valores e símbolos pretensamente universais, e com toda a dor, como no parto do Messias. Ou da Messias.

Ela se considerava reencarnação de Rachel e estava pronta a redimir a existência e a memória de sua versão anterior conforme depoimento no qual assume um papel profético imenso, universal. A escritora se coloca na linhagem de Jesus, devolvendo-o, da sua maneira, ao Judaísmo. Yona constrói um triângulo particular, evocando Rachel, como vítima do patriarcalismo, e Jesus, outro messias, como um de seus próprios profetas. Isso significa agir dentro da tradição, mas obrigando à reinterpretação ao arrepio dos estatutos e das tradições diversas. Palavras da poeta:

> Sim, eu assumi isso. Havia Jesus e depois dele houve Yona. Deus queria ser revelado de novo no palco da história, e não se pode continuar sem Ele. A vida é sem sentido sem Deus. Talvez Ele não es-

> tivesse particularmente excitado por eu tê-lO descoberto. Talvez esta seja uma dessas catástrofes cósmicas, algo que nem Ele nem eu provocamos, e há outros deuses além de Deus. Este é o Deus do centro, mas há um outro deus da natureza, que nos cria e é o verdadeiro Deus, o Deus enorme e poderoso, e nós estamos nas Suas mãos, nós somos Suas ferramentas. (...) Eu sou uma parapsicóloga, eu sou sensitiva. Eu sou uma mística. Eu pego as forças do mundo.

Yona já não reivindicaria sua participação na construção de uma sociedade assumida como revolucionária, porém saturada de valores persistentes e opressivos tanto para a mulher como para o homem, que mantém "organicamente" o processo. Ela expõe os conflitos de modo muito complexo invocando o papel de David e do filho, num dos mais dilacerantes poemas de sua fatura, com temática rara, a partir da tragédia de Avshalom.

O poema desenha o contraste entre a ação mecânica, instrumental, a violência da fritura ali mencionada, o horror do irrecuperável e o libertar além da perversão, pela teoria da metempsicose, da reencarnação que, enfim, também não resolveria nada por enquanto, pelo menos. Trata-se de uma releitura paródica do episódio bíblico, no qual a figura do pai, David, é trocada pelo anonimato do nome materno, o Eu lírico que recria a experiência da mulher e do feto numa simbiose de vida e morte quando eram dois corpos num só, o potencial andrógino que move a poesia de Yona Wolach:

Avshalom

Eu sou obrigada de novo a
relembrar meu filho Avshalom
cujos cabelos ficaram presos no meu útero
e eu não logrei
acabar Avshalom meu filho
eu gero as possibilidades de minhas emoções
a piedade jorra nas entranhas
e a fome possível
o desejo de descendência
e Avshalom que não foi chancelado
em outra encarnação Avshalom será
meu amante e eu sentirei o memento dele
sendo meu amante Avshalom
é uma sensação corpórea ou como meu ventre
está vazio de Avshalom meu filho
um concerto de astros
cai e a espada golpeia
com um magneto o coração dela
exato sentimento:
o que guerreará
e sobre o que descansará
o vento
aonde levará
o vento meu filho.

Yona, conta Ratok, visitou o túmulo de Rachel às margens do Kineret diversas vezes e teria feito a seguinte confissão a um amigo: "Quando eu era *Rachel*, fui covarde e decidi ser gentil e agradável à turma, mas agora que retornei à vida, e não por muito tempo - eu estou preparada para escrever sobre tudo". Em vez do engajamento centralizado, Yona propõe um engajamento múltiplo, a partir da palavra criadora como a conhecemos no primeiro capítulo da Bíblia, quando Deus cria o mundo pelo verbo em ação. Temos aqui outra possível paródia, num manifesto da sua poética que ela propõe universal, processo libertário envolvendo a todos de modo indiferenciado, além de ideologias controladoras.

Não há mais um centro determinante. Cabe a cada uma/um se deixar levar e incorporar a força transformadora (divina) da palavra, que transforma e transforma-se em metamorfose permanente, segundo mutações do verbo, ou seja, da própria existência, como diria outro poeta, desta vez, o brasileiro Raul Seixas e sua metamorfose ambulante.

Deixa que as palavras

Deixa que em ti façam as palavras
deixa que elas sejam livres
elas penetrar-te-ão bem fundo
fazendo formas sobre formas
formarão em ti aquela vivência
deixa que em ti façam as palavras
elas farão em ti como quiserem
fazendo formas novas na tua cousa
farão na cousa tua

a mesma cousa exatamente
que elas são a cousa que farão
você entenderá que elas far-te-ão reviver
aquela vivência e seu significado como natureza
pois elas natureza são e não invenção
e nem descoberta que sim são natureza
farão a cousa natureza em ti
como dar sexo é vida para a palavra
deixa que em ti façam as palavras.

Antielegia
O nome Kineret,
em cujas margens está sepultada Rachel,
desenha a forma de lira
(kinôr)
do lago visto de cima,
convoca o Rei David.
Também visto de cima,
mais uma vez distorcida,
não ganha contorno
de guitarra elétrica, israelenses. Seu livro
atômica,
cor de malva?

Yona Wallach nasceu em 1944 e morreu em 1985. Foi uma famosa poeta em Israel. Orgulhosa de sua bissexualidade, surpreende seus leitores com expressões ousadas de sexualidade e de espiritualida-

de misturadas. Escreveu letras para bandas de rock israelenses. Seu livro Island Songs *foi publicado em 1969. Em seu poema* Yonatan, *ela interpreta a si mesma como um menino, Yonatan, que é decapitado por outros meninos que têm sede de sangue.*

29. Zeruya Shalev

29.1 Vida Amorosa - Relacionamentos conturbados

Leniza Kautz Menda

> Eu sabia que nunca mais ia ouvir aquela voz dizer aquelas palavras de novo (...) Depois decidi que se conseguisse dormir era um sinal de que eu devia ficar, e se não adormecesse era um sinal de que devia partir, e tentei pensar em coisas agradáveis para me fazerem dormir, mas eu sentia coices dentro de mim, como se tivesse um cavalo selvagem na barriga, e os coices começaram a doer, foram ficando cada vez mais fortes, como se houvesse um estábulo cheio de cavalos bravios dentro de mim, e nascesse um a cada minuto, como os cavalos que rodeavam os palácios celestiais, cavalos das trevas, cavalos das sombras da morte, cavalos de sangue, cavalos de ferro, cavalos de névoa, pairados a comer em manjedouras de fogo.
>
> SHALEV, 2002

Zeruya Shalev, no romance *Vida Amorosa,* apresenta aos leitores uma ficção de cunho psicológico, construída em torno de universos pessoais muito doloridos e obsessões avassaladoras. O sofrimento e o desamparo emocional se entranham nos personagens a ponto de dilacerá-los.

O casal Yoni e Ya'ra mantém uma vida conjugal baseada na monotonia do cotidiano. Yoni, o marido, é uma pessoa delicada e sensível, mas, sob o ponto de vista de Ya'ra, um tanto infantil. Ela se irrita quando ele a chama pelo apelido carinhoso de Toupeirinha, um tratamento que remete à infância. O desamparo de Ya'ra começa ainda na fase infantil: ela tivera um irmão que morrera ainda bebê, sem nem ter feito a circuncisão. Os pais guardavam um luto ferrenho por Absalão e a protagonista desenvolveu um sentimento de culpa e orfandade, pois, segundo a sua ótica, os pais a preteriram e foram indiferentes ao seu sofrimento:

> (...) lembro que tentava confortar minha mãe, dizendo, é como se ele nunca tivesse nascido. Você era tão infeliz antes de ele nascer? Então por que é tão infeliz agora que ele se foi? Como pode sofrer por uma coisa sem a qual estava acostumada a viver? Mas ela me olhava com ódio, como se eu mesma o houvesse matado, embora eu só estivesse tentando ajudar. E de qualquer modo, eu lhe dizia, você precisa ser agradável comigo agora, agradecer o fato de que ainda me tem, e em vez disso está me tratando como se eu fosse sua filha adotiva e ele, o filho verdadeiro. No dia em que vocês se tornaram pais enlutados, eu lhe dizia, eu me tornei órfã.

O mau relacionamento dos pais de Ya'ra e suas frustrações pessoais e profissionais (a mãe se casara sem amor e o pai abandonara a medicina) certamente contribuíram para que a menina se tornasse desconfiada e vulnerável. As figuras materna e paterna não constituíam um porto seguro para Ya'ra cuja infância fora dominada pelo medo e pela insegurança:

> Às vezes eu ficava deitada na cama, acordada, e tentava captar as vozes dos dois (...) Às vezes dizia a mim mesma, que é que você tem a ver com o que acontece atrás da porta deles, você tem sua própria vida, mas sempre entre mim e eles, entre mim e minha vida, existia um defeito antigo, alguma deformação a implorar para ser salva.

A inércia do relacionamento conjugal se romperá quando Ya'ra encontra Arye, o amigo de seu pai. A rápida relação sexual mantida entre os dois no provador de uma loja de departamentos põe em xeque a estabilidade do casal. Ya'ra se deixa subjugar e fica completamente obcecada por aqueles "olhos de carvão" e "olhar de caçador" de Arye (leão). Esse encontro instintivo e até mesmo selvagem impulsiona o desequilíbrio interior da protagonista. Os instintos sexuais de ambos afloram de maneira arrebatadora, pondo em risco a já instável personalidade de Ya'ra. Portanto, os sentimentos contraditórios da união e a separação vêm à tona, minando o desejo de Ya'ra de ter um bebê e assumir uma carreira acadêmica promissora.

A simbologia dos nomes próprios escolhida por Zeruya não é um elemento aleatório na narrativa: Yoni significa "pomba", um animal delicado e livre; Arye (leão) representa os instintos selvagens e represados bem como o encurralamento a que Ya'ra se sujeita em contato com esse personagem. A estabilidade com Yoni e a excitação diante de Arye são variáveis absolutamente contraditórias. Os dias atormentados e ansiosos, as pisadas de remorso, os ganidos de luxúria, enfim, esse torvelinho de emoções colide com a passividade e a inércia da vida conjugal:

> (...) um sentimento de opressão já se instalara em mim, e achei difícil refazer minha felicidade anterior, felicidade não é a palavra, mas inteireza, era uma rara sensação de inteireza, resultante precisamente da contradição que surgira em minha vida, a contradição entre o amor por Yoni e a atração por aquele homem sombrio (...)

A duplicidade e a ambiguidade se refletem nos sentimentos de Ya'ra não só em relação a Arye, como perpassam na percepção que ela tem de Yoni, seu esposo: "(...) eu o odiava, quanto mais ele me amava, mais o odiava, eu mesma não entendia por quê (...) Às vezes, eu o odiava e às vezes odiava a mim mesma, e, nos melhores momentos, odiava os dois" .

O dualismo e os paradoxos são inerentes à vida de Ya'ra, a protagonista problemática:

"Mas eu mesma não sei o que sou, eu disse, de manhã sou ousada e, de noite, sinto medo". A personagem demonstra ambiguidade não somente no terreno da identidade pessoal, como também no campo amoroso. Tenta achar uma unidade; não há, entretanto, conciliação possível na convivência entre o trio amoroso. Tudo não passa de uma ilusão transitória: "(...) é possível amar dois homens ao mesmo tempo, é até mais fácil amar dois, porque isto cria um equilíbrio na alma, dois amores complementam um ao outro" .

Ao caracterizar Ya'ra, a autora não dispensa a paródia mencionando ou aludindo a trechos bíblicos para caracterizar a identidade da personagem. Num dos muitos encontros com Arye, Ya'ra se identifica como Avishag, uma jovem Sunamita mencionada na Bíblia, que foi a companheira do rei David em sua velhice. Na história bíblica, a bela jovem se deitava ao seu lado, mas não tiveram relações sexuais, uma referência talvez colocada com o objetivo de destacar a moralidade do rei, pois, sendo Sunamita sua concubina, ele teria o direito de ter relações sexuais com ela. Diferentemente do contexto bíblico, o casal de amantes assume a lascívia e o concubinato, tendo um relacionamento baseado no erotismo e na imoralidade.

Os personagens do romance são seres infelizes e frustrados.

A mãe de Ya'ra é dona de casa, amargurada pela perda do bebê Absalão e infeliz no casamento. Ela abdicou do amor de sua vida, Arye, pois este não desejava assumir a vida familiar. Ela culpa o marido, pai de Ya'ra, por não ter concluído seus estudos de medicina e, por esse motivo, ter sido incapaz de salvar Absalão, que morrera pela falta de atendimento médico eficaz. A comparação usada pela narradora expressa com nitidez o desamparo paterno: "Ele se sentia desprotegido como um cego cujo cachorro fugira e cuja bengala se quebrara."

Ya'ra, a filha, sente pena e compaixão por seus genitores; ela carrega um pesado fardo nas costas acompanhado do sentimento de autopiedade:

> A questão sempre fora de quem sentir pena, eu ia de uma cama a outra, a examiná-lo em seu sono, ela em seu sono, me perguntando de qual dos dois eu devia sentir pena, a levar meu fardo de piedade como uma dose de remédio suficiente apenas para salvar uma pessoa, e sem saber a qual das duas dar (...).

Ya'ra se sente culpada pela infelicidade da mãe como se tivesse posto fogo no Templo de Jerusalém.

O sentimento de derrocada da personagem aparece continuamente ao longo da narrativa por meio de referências ou de alusões bíblicas e na menção à destruição do Templo de Jerusalém. A tese que Ya'ra defenderia se baseava nas catástrofes pessoais das lendas da Destruição do Templo.

Arye Even, cujo sobrenome significa "pedra" em hebraico, é um homem impulsivo e manipulador; esse personagem necessita de estímulos para se excitar e age movido primordialmente pelos instintos em detrimento dos sentimentos:

> Que a faz pensar que estou interessado em conversa? Ele perguntou, sorumbático. O que eu disse sobre sexo também se aplica a conversas. O estímulo tem de ser mais instigante todas as vezes. E sentimentos? Não sei mais o que são. Com os anos, e os seres humanos se tornando mais bestiais, ou infantis, o que conta é a necessidade.

Pela visão de Ya'ra, percebe-se que Arye é um homem egoísta, insensível, desatencioso e arrogante. O egocentrismo dele impelira sua mulher, Josephine, a realizar um aborto, visto que ele não manifestava desejo de formar uma vida familiar. A crueldade desse personagem se acentua no momento em que a mãe de Ya'ra decide morar com ele e a filha, mas ele as rejeita. Arye é vingativo, pois rogara uma praga para que seu antigo amor, a mãe de Ya'ra, não tivesse mais filhos, praga esta que se concretizou no momento em que Absalão morre logo após o nascimento. A morte do bebê seria uma espécie de castigo para ela. Arye, petrificado em seus sentimentos, é incapaz de perdoar e esquecer.

Em certo momento da narrativa, Ya'ra tem momentos de lucidez e começa a questionar seu relacionamento com Arye. Ele é um manipulador por excelência e deseja que ela permaneça fiel a ele privando-a de seus desejos de ascender profissionalmente:

> (...) que é que você quer de mim, ele disse, não quero nada de você apenas que seja coerente, se diz que quer ficar aqui para sempre, e que me ama, como pode dizer que um encontro na universidade é mais importante para você que eu, e berrei, você é um deturpador! Veja, como deturpa tudo! Cadê a contradição, por que tenho de escolher, não bastam as coisas importantes que tenho de escolher, também tenho de escolher nesse absurdo também? Por que o fato de ter de me apressar para um encontro quer dizer que não o amo?, e ele disse porque é assim que eu vejo, e espero que você tenha consideração pelos meus sentimentos (...)

A protagonista se dá conta do seu aprisionamento e da sua submissão a Arye; embora ela ainda não esteja consciente da dimensão do erro que cometera, já há um desejo de libertação. O seu impulso íntimo de viver vidas paralelas, em vez da sensação de plenitude, lhe oferece uma oportunidade única de questionamento. A personagem não é estática, ela evolui ao longo da narrativa ao se transformar e tornar-se uma adulta mais consciente e resoluta. O questionamento de Ya'ra em relação à sua vida conjugal e sexual vem à tona, o que constitui um sinal de amadurecimento.

Ya'ra tenta se reconciliar com Yoni quando ele volta de Istambul de uma lua de mel à qual ela não fora. Há alusões a imagens bíblicas quando ela se imagina com o seu noivo, levados nos ombros pelos padrinhos cantando nas cidades de Judá e nas ruas de Jerusalém, como peregrinos nas três festas anuais numa procissão à Cidade Santa.

A personagem toma uma decisão importante em sua vida ao optar por afastar-se dos dois amantes que a impediram de ser ela mesma:

> (...) ele não ia abrir mão de nossos jogos doentios, mas nesta noite uma surpresa o aguardará, porque a porta será aberta por Yoni, decepcionado por não ser eu, e Arye ficará decepcionado diante dele por não ser eu, e os dois ficarão frente a frente, os dois homens da minha vida, que conseguiram eliminar um ao outro, e depois eliminar os dois, e me deixar inteiramente só, abandonada ao zunido dos carros.

Vida Amorosa é um relato de contradições pessoais e de relacionamentos conturbados; uma narrativa em que os personagens são problemáticos e inseguros diante do presente uma vez que estão presos aos segredos passados, os quais são descobertos à medida que a narrativa evolui. Embora a ação ocorra em Jerusalém, não se trata de uma narrativa regional, visto que a autora lida com problemas universais como o tédio, o amor, a vida e a morte.

29.2 Pain

Estresse pós-traumático e reconstrução da vida amorosa

> Não era apenas a intensidade da explosão - aquela erupção vulcânica dos explosivos, parafusos- que a ensurdeciam, mas um outro som, mais profundo e terrível, o som de dúzias de passageiros se despedindo de suas vidas, o lamento de mães deixando para trás seus filhos, o choro de meninas jovens que nunca cresceriam, o vislumbre de órgãos esmagados, os braços que jamais abraçariam, a beleza virada em cinzas.
>
> SHALEV, 2019

Pain, romance de Zeruya Shalev, trata, entre as inúmeras temáticas, das consequências pós-traumáticas de um ataque terrorista que afeta a personagem central, Íris, bem como a sua família, na cidade de Jerusalém:

> Quando estava em casa, ela ficava completamente dependente deles, mas, na maioria do tempo, ficava hospitalizada porque tivera fratura na pélvis, feridas em suas pernas e estilhaços no tórax (...) Havia partes do seu corpo que ela não sentia e outras extremamente doloridas. Teve que reaprender a andar e a comer, tomava uma quantidade enorme de analgésicos e tinha medo de sair de casa (...)

A dor física iniciou no momento em que a retiraram do asfalto ardente e se torna à medida que o marido relembra os dez anos da ocorrência do acidente catastrófico. Nesse momento, afloram as culpas de cada membro da família. Íris acusa o marido por não ter levado as crianças à escola como costumeiramente o fazia. A filha, Alma, acusa o irmão pelo atraso, pois ele se trancara no banheiro, retardando o momento da partida. O irmão acusa a irmã pela demora, visto que ela pedira à mãe para ajudá-la a prender o cabelo. Na verdade, são acusações infundadas porque Íris, no momento do atentado, estava no local errado e na hora errada.

A aparente união familiar se fragiliza à proporção que Íris se dá conta da péssima relação com a filha, dos problemas com o filho e de sua desmotivação com o casamento. Íris sente que o marido, Mickey, é indiferente em relação a ela, o olhar dele se mantém distante e o relacionamento afetivo e sexual se deteriora dia a dia. Mickey a acusa de ser assexuada e distante. O único consolo de Íris é o seu trabalho como diretora de uma escola: seu trabalho diário e extenuante com pais, alunos e professores funciona como válvula de escape para suas frustrações como mãe e esposa.

Mickey sugere que eles consultem uma clínica especializada no tratamento da dor; a consulta representa um ponto crucial na vida de Íris em virtude do reencontro com Eitan, seu antigo e primeiro amor, agora chefe da unidade clínica. O passado da protagonista vem à tona associado a um momento de dor e sofrimento porque Eitan a abandonara. O rompimento da relação idílica entre os jovens adolescentes a transtornou psicologicamente a ponto de ela ter permanecido, por cerca de um ano, depressiva e melancólica:

> "(...) ela vê em sua mente um jovem menino alado e uma menina subindo e descendo uma escada que alcança o céu, encontrando-se por um breve momento e separando-se novamente, forçados a se mover em diferentes direções, ele é vida e ela

> é morte, ele é morte e ela é vida, ele é morte e, ela, vida. Quem os condenou a uma separação eterna? A vida e a morte estão, apesar de tudo, interligadas, ela relembra, pensando nas semanas em que esteve atirada numa cama, olhos secos, sem beber nem comer, inerte em seu quarto escuro (...) Mas aquilo não significou muito para ela, pois não o vira mais, ela não queria ver nada, se ela não pudesse falar com Eitan novamente nem sequer ouvisse a sua voz, ela não queria ouvir nada. Algumas vezes, parecia que ela o ouvia chamando o seu nome, que ele tinha voltado para ela, mas não era mais ele, já que o Eitan que fora capaz de abandoná-la daquela forma já não era mais a mesma pessoa, ele estava perdido para sempre.

Mero engano. No momento do reencontro entre eles na clínica, 30 anos após a separação dolorosa, Íris pensa que o passado pode ser recuperado e a dor psicológica, banida. Para ela, só o passado importa visto que, em sua juventude, ela atingira o ápice da felicidade no relacionamento com Eitan. Íris é invadida por sentimentos contraditórios, pois, no fundo, ela está consciente de que existe um elo frágil entre a jovem que ela fora e a mulher que se tornara - a vida plena e paradisíaca não poderia ser recuperada porque a conexão principal não mais existia.

A obsessão de Íris pelo reencontro com Eitan traz, aos poucos, um reconhecimento do senso de realidade. Ela percebe que o médico não formara uma família aparentemente sólida como a sua; ele tivera relacionamentos fugazes e vivera uma vida destinada a curar as dores do próximo em vez de curar a sua própria dor pessoal. No abraço mútuo, ele sente a presença de terceiros que, no presente, faziam parte da vida de Íris:

> Mesmo quando ele a abraçava, ela sentia a presença de estranhos, o Mickey e sua mulher, seu apartamento, sua hipoteca, seus amigos, tudo que eles acumularam desde então. Ela tenta vislumbrar a casa dele, mas não consegue.

Aos poucos, ela começa a ter uma visão realista do passado: sente que, mesmo que ele a abrace e a beije, ele a abandonará novamente. A vida adulta, porém, é diferente porque eles não são mais o que eram e todas as escolhas significativas ficaram para trás já que encontros com o passado são improdutivos - não há retorno possível, pois, segundo Heráclito de Éfeso, ninguém se banha duas vezes no mesmo rio. No entanto, o reencontro entre Eitan e Íris não ocorre em vão e constitui uma oportunidade para que ele lhe peça perdão e para que ela se apazigue:

> Ele parece um cantor entoando o cântico final da reza de Yom Kipur antes do julgamento final: Abra os portões para nós. O dia está findando, o sol está se pondo, deixe-nos chegar diante de teus portões. Oh, Deus, por favor! Por favor, Perdoa! Por favor, tenha misericórdia! Por favor, acabe com a raiva, o pecado e a transgressão!

No momento do ato íntimo, momento da ligação e da separação, ambos sentem que suas preces foram ouvidas; o prazer e a alegria prevalecem, ocorrendo a reconciliação enganosa com o passado.

A partir do perdão, Íris passa a ter uma visão mais realista de sua vida, começando a se preocupar com a família: reconhece que Mickey lhe dá uma sensação de paz e conforto, amenizando a solidão e o sentimento de estranhamento provenientes do atentado terrorista e do relacionamento infiel que tivera com

Eitan. A matriarca procura restabelecer o diálogo com a filha, Alma, que, segundo o seu ponto de vista, havia se "prostituído" na cidade de Tel Aviv. Além disso, tenta entender o desejo do filho Orem de se engajar no Exército Israelense, apesar dos temores e traumas da mãe que perdera o pai na Guerra do Sinai, o que representara a perda de sua infância, pois tivera de auxiliar a mãe nos cuidados com os irmãos gêmeos.

A narradora lança mão de uma imagem poética para Íris explicar à Alma a percepção realista que adquirira em contato com Eitan:

> O amor tem muitas faces. Algumas vezes ele é banido da vida como uma pandorga sem uma corda. Você sabe que está planando no céu, mas você deve deixá-la ir já que você não quer que outras coisas muito mais importantes de sua vida desapareçam.

Íris tenta explicar à filha os sentimentos contraditórios que se apossam dela após a decisão de abandonar Eitan. A decisão tomada implica perdas e ganhos:

> Mas ela, sua mãe que a trouxe ao mundo, deve ensinar-lhe que devemos forjar um tratado de paz com a realidade tal como se apresenta, com seu calor e umidade, sua tristeza e tédio, porque só assim nos sentimos livres. Ela deve ensinar à Alma, embora ela mesma tenha recém aprendido que o que parece ser a vida além da realidade é, de fato, uma forma de escravização.

Íris é uma personagem complexa e traumatizada pela dor psicológica da perda do seu primeiro amor e a dor física resultante do atentado. Tem todos os elementos para sucumbir diante das adversidades; entretanto, ela se torna uma mulher forte, capaz de se absorver no trabalho educativo e perceber a importância da integração multicultural em seu projeto "O outro é eu". Ela tem esperança de que haja uma união entre os distintos grupos que convivem e fazem parte da sociedade israelense: árabes, judeus, sefaradim, *ashkenazim*, religiosos e seculares:

> No próximo ano, como parte do programa escolar, nossos alunos vão se encontrar com os colegas do setor árabe e celebrar os feriados judeus e árabes, aprender sobre suas tradições comuns e se conhecerem pessoalmente. Se houver qualquer resto de esperança, ela surgirá desse encontro.

O final do enredo é envolvente posto que a família se reúne e volta a ter um diálogo que estava submerso em rancores, segredos, fantasias, culpas e enganos. A dor da perda é recompensada pela alegria da união familiar, expressa nas palavras de Íris: "É graças a vocês. Essa é a oportunidade com a qual fui abençoada? Não há chance de amá-lo novamente, mas de amar a minha vida pelo que ela é e não ansiar pela que não existe".

Zeruya Shalev nasceu no kibutz Kineret. Ela tem mestrado em Estudos Bíblicos e trabalha como editora literária na Keshet. Shalev publicou seis romances, um livro de poesia e dois livros infantis. Seus romances* Love Life, Husband and Wife, Thera, The Remains of Love *e* Pain *foram aclamados tanto em Israel como no estrangeiro. Seus livros foram traduzidos para 27 línguas e tornaram-se best-sellers em vários países. A autora recebeu vários prêmios literários e é reconhecida mundialmente.

Nota da autora

> A descoberta de um grande escritor de alguma maneira modifica tudo o que sabíamos ou acreditávamos saber; seus livros estavam, desde sempre, à espera, e nos sentimos meio bobos por chegar tão tarde ao seu encontro.
> Alejandro Zambra, poeta chileno

Este livro nasceu do amor à literatura em geral e, especialmente, à literatura israelense. Pela minha experiência como estudiosa da literatura de Israel, percebi que há um desconhecimento geral quanto às escritoras israelenses mulheres, talvez por dificuldades de tradução no mercado editorial. Os escritores homens já estão sendo traduzidos e lidos pelo público brasileiro, com destaque a Amos Oz, David Grossman, Meir Shalev e o jovem Etgar Keret.

Portanto, achei que seria frutífero abordar, por meio de resenhas, as obras das principais autoras israelenses. Essas mulheres escritoras têm obras riquíssimas tanto em conteúdo como na abordagem dos aspectos relevantes para a compreensão da realidade socioeconômica e política de Israel. Os enredos dos contos, romances e poesias estão situados em cidades israelenses

– Jerusalém, Tel Aviv, Haifa –; bem como nos *kibutzim* do norte e sul de Israel. Além dos aspectos coletivos, as autoras abordam temas da atualidade, entre eles o feminismo, a religiosidade, os ataques suicidas, as nuances das guerras e suas consequências do ponto de vista psicológico e moral mesclados aos dramas individuais de amores fracassados ou não correspondidos, insatisfação e outras características da contemporaneidade.

Queria agradecer carinhosamente aos meus colaboradores que se dispuseram a aceitar o desafio de escrever resenhas tão bonitas e elucidativas. Obrigada Gustavo Melo Czekster, Ida Bochernitsan, Laura Trachtenberg Hauser, Luiz Paulo Faccioli, Marcia Dreizik, Marcia Ivana de Lima e Silva, Moacir Amâncio, Nurit Gil e Vivian H. Schlesinger por terem sonhado em conjunto comigo e embarcado nesta empreitada.

Nunca é tarde para descobrir grandes e notáveis escritoras.

APÊNDICES

1. Gail Hareven

1.1 The Confessions of Noa Weber

Amor obsessivo

> Decidi contar a minha história iniciando quando eu tinha dezessete anos, pois é nessa idade que o meu "eu verdadeiro" começa: eu e meu amor por Alek, o que considero uma experiência transcendental. Eu e meu dybuk, a única coisa que dá algum sentido à minha vida.
>
> HAREVEN, 2009

A relação complexa entre a escritora Noa Weber e Alek, um imigrante russo que aparece e desaparece de sua vida, permeia a ação do romance cujo trecho abre reste capítulo.

The Confessions of Noa Weber é uma narrativa que une o drama individual ao coletivo de Israel, um país que luta pela sua sobrevivência em meio ao caos bélico, às mudanças de uma comunidade enraizada no socialismo e às mudanças da sociedade contemporânea.

2. Judith Katzir

2.1 Closing The Sea

Sonhos frustrados

Marcia Ivana de Lima e Silva

O livro *Closing the Sea*, de Judith Katzir, é composto de quatro contos: "Schlaffstunde", "Fellini's Shoes", "Disneyel" e "Closing the Sea". Escolhi "Fellini's Shoes" para apresentar esta maravilhosa autora para o público do Brasil, pois seus livros ainda não estão traduzidos para a língua portuguesa.

"Fellini's Shoes" reúne as duas paixões da autora: literatura e cinema. Narrado pela protagonista Millie, o conto é rico em descrições dos locais e das pessoas, como se fossem *closes* cinematográficos que enriquecem a ação. Millie é garçonete no restaurante de um hotel em Tel Aviv, o que lhe permite conhecer diversas pessoas. Ela sonha em ser atriz.

O conto é dividido em sete partes que vão construindo o enredo e apresentando os personagens que se movimentam tanto no hotel como nas ruas de Tel Aviv.

1. Tudo começa com a narradora contando seu encontro com uma senhora que anda pelas ruas centrais de Tel Aviv e pede-lhe ajuda em hebraico. A narradora não sabe falar essa língua, mas se compadece da situação da velha senhora, a quem ajuda a chegar a uma praça, onde esta se põe a cantar lindamente. A narradora aproveita para ir embora, pois já está atrasada para seu turno no hotel.

2. Agora sabemos que a narradora é Millie, garçonete no restaurante do hotel. Sonha com o dia em que um grande diretor entrará no restaurante e a convidará para participar de um filme. Enquanto isso não acontece, Millie atende as mesas com variados clientes: gigantes, jogadores de basquete que bebem com anões, atores e equipe de um filme, a gerente da galeria de arte do hotel e os moradores do estabelecimento. Importante ressaltar a relação que ela mantém com o dono do hotel, um homem solitário que tem apenas o braço direito e vive com seu cachorro cego, Znaforts. A vida de Millie muda quando ela conhece, no restaurante, Joshua Spielman, diretor de cinema com quem estabelece uma conexão imediata, a ponto de dizer seu verdadeiro nome: Malka.

3. Millie descreve minuciosamente "seu" diretor, com destaque para os sapatos polidos. Joshua a convida para estrelar seu novo filme, o que faz com que eles passem a conviver de modo bem íntimo. Ele a leva a um grande galpão, onde há uma sala repleta de roupas e sapatos de encenação e um palco com marcações. Ela é maquiada, cortam seu cabelo e é aprovada para o papel. Joshua conta a história de seu sapato, um presente do próprio Federico Fellini de quem era muito fã desde o primeiro filme *Luci del Varietá* (*Mulheres e Luzes*, em português). Viajara a Veneza para encontrar o famoso cineasta que participaria do festival para o lançamento do filme *Satyricon*. Joshua queria

perguntar a Fellini: "O senhor é feliz?" Consegue encontrá-lo e conversar com ele; ficam amigos e Fellini o convida para a estreia do filme. Mas há a exigência de sapatos sociais, e Fellini empresta os seus a Joshua. No final da noite, Fellini pede-lhe que levasse os sapatos para Israel, onde iria buscá-los. Por isso, Joshua mantém os sapatos impecavelmente polidos, à espera do famoso cineasta.

4. Joshua e Millie vão à prefeitura com o propósito de pedir financiamento para o filme. São recebidos com má vontade pelo Sr. Kornfield que não só nega financiamento como ridiculariza o projeto do cineasta. Joshua, por sua vez, rejeita o financiamento de um banco, pois este exigia uma propaganda dentro do filme.

5. Millie anda pelas ruas de Tel Aviv com a esperança de reencontrar a senhora cantora. Ela narra sua rotina de garçonete e lamenta a morte do Sr. Gordon, morador do hotel. Resolve pedir ao dono do hotel o dinheiro para o financiamento do filme, mas é surpreendida com a contrapartida exigida por ele - Millie deveria tocar no toco de seu antebraço. Ela não consegue e foge do quarto. Entre sonhos e pesadelos, Millie "vê" através das pessoas e o hotel afunda.

6. Joshua leva Millie para visitar sua mãe no asilo. Millie se encanta com a mãe atriz e cantora que planeja com o filho o filme de sua vida.

7. A última parte do conto é uma carta emocionada que Millie escreve a Joshua - ele está na cadeia por tentativa de assalto a um banco. Ela está no apartamento do diretor, cuidando de suas coisas, principalmente do par de sapatos de Fellini. Ao voltar da visita a Joshua na cadeia, encontra na rua a velha senhora cantando em uma bela performance na praça. Encantada, reconhece a mãe de Joshua.

Yehudit Katzir (na grafia em hebraico) entrega uma narrativa que apresenta a Tel Aviv na década de 1990, em processo de modernização, mas que luta para manter as tradições, principalmente aquelas marcadas pela língua iídiche, esquecida pelas gerações mais jovens. A premiada autora mostra com sensibilidade a realidade dos trabalhadores das classes mais baixas, por meio dos mundos do cinema e da literatura, ênfase de sua graduação na Universidade de Tel Aviv. Fica o convite para mergulhar no mundo literário de Katzir, uma potente voz da literatura hebraica atual.

Marcia Ivana de Lima e Silva é Professora Titular do Instituto de Letras/UFRGS. Autora do livro A Gênese de Incidente em Antares *(EDIPUCRS, 2000). Com Letícia Chaplin, co-organizadora do livro* Poemas Nunca Publicados *de Caio Fernando Abreu (Record, 2012). Organizadora do livro* Por Dentro da Criação *(EDUFRGS, 2020). Coordenadora de conteúdo do Memorial Erico Veríssimo, no Centro Cultural Força e Luz, em Porto Alegre, RS.*

3. Entrevista concedida pela escritora Ayelet Tsabari para Leniza Kautz Menda em 19 de agosto de 2022

Ayelet, o fato de ter deixado o seu país teve influência em sua carreira como escritora?

Certamente. A experiência da imigração, de experimentar diversas identidades, lugares e linguagens foi essencial na minha escrita. Sentia falta de casa e lamentava me sentir desenraizada ou sem um lar. Sem dúvida, esses sentimentos contribuíram e inspiraram a minha obra literária.

Do que você mais sentia falta em suas peregrinações pelo mundo? De seus pais? Da comida iemenita? Da sensação de pertencimento?

Eu diria que foi a sensação de pertencimento. E, ainda hoje, às vezes fico pensando em como teria sido se não tivesse partido. Após 20 anos de ausência, sinto como se fosse uma migração contrária, mais do que um retorno. Sou fascinada por pessoas que permanecem num único lugar a vida inteira. Observo minha mãe e a comunidade que a cerca. Algumas vezes, sinto inveja disso. Aprendi que há valor em permanecer.

Foi difícil para seus avós se adaptarem à vida em Israel? Como iemenitas eles sofreram preconceito no novo país?

Claro. Foi difícil para todo mundo; a imigração, obviamente, é sempre muito difícil. Como iemenitas e judeus *mizrachim*, eles sofreram preconceitos que continuam sistêmicos.

Como muitos sobreviventes do Holocausto, seus avós não costumavam falar sobre o passado no Iêmen. Você concorda? Por quê?

De modo geral, o etos israelense é o do apagar. A ideia era a de que, ao se tornar um israelense, o indivíduo deveria esquecer seu passado, sua língua e sua herança. Isso foi exacerbado pela necessidade de se afastar da identidade árabe, visto que os árabes eram considerados inimigos. Muitos judeus *mizrachim*, e principalmente os filhos que queriam ser israelenses, cresceram com vergonha de sua identidade.

Em seu livro *The Art Of Leaving*, você diz que, para os homens, é mais fácil partir do que para as mulheres. Essa situação mudou hoje em dia?

Acho que não é bem assim. O mundo obviamente está mudando e as mulheres têm mais liberdade do que antes, mas sinto que as mulheres, principalmente as mães, estão condenadas a permanecer imóveis. Tudo gira em torno da jornada do herói, e não da heroína.

No livro *The best place on Earth*, você demonstrou sua ambiguidade em relação a Israel – um sentimento de amor e ódio. Você pode comentar sobre esse tópico?

Ainda penso dessa forma. É um lugar muito complicado. Há muito amor em relação ao país, amo o próprio país, a terra, o mar, o cheiro. Mas há também uma corrente subterrânea de tensão e raiva - não é de surpreender que isso está na história do lugar com os seus conflitos que afetam a dinâmica e a interação entre as pessoas. Às vezes, há um exagero.

Quais são os seus escritores israelenses preferidos?

Gosto de David Grossman, Tehila Hakimi, Yaara Shehori, Yonit Naaman, Shlomi Hatuka, Adi Keissar.

4. Entrevista com Zeruya Shalev

A entrevista concedida por Zeruya Shalev para o *Romania Journal* em 28 de novembro de 2021, possibilita uma compreensão mais detalhada da vida da autora e dos processos de sua criação literária.

Quais são os temas principais de suas narrativas e como você constrói os personagens?

Família, amor e a dor são os motivos condutores dos meus trabalhos literários, bem como as relações atribuladas entre amantes, pais e filhos. Acredito que o poder das emoções é universal, independentemente do país, da sociedade e da religião.

Quando leio histórias da Bíblia, percebo como mudamos tão pouco. Existem questões paradigmáticas como as do desejo de um filho, ciúmes entre irmãos e o conflito entre maridos e esposas. É surpreendente verificar que evoluímos em termos tecnológicos, mas, emocionalmente, continuamos os mesmos. E é bonito, estranho, porque parece que o espírito humano permanece estável. Não nos tornamos criaturas tecnológicas nem robôs. Ainda somos humanos, e isso é bom.

Quanto aos meus personagens, tento segui-los em meio às suas crises para ajudá-los e, de certa forma, fazê-los crescer e amadurecer.

Um amigo do nosso Jornal, famoso estilista de joias, falando sobre o seu processo de criação, diz: "O que é mau para o coração, é bom para a arte". Você acha que isso é verdadeiro? A dor é o que lhe dá força para meditar e continuar? A dor inspira o seu trabalho?

De certo modo, sim. Desde que me lembro, eu sempre escrevia poemas tristes sobre gatos e cachorros e me recordo de que minha mãe ficava muito intrigada e me perguntava o porquê de eu escrever sobre coisas tristes já que minha infância não era assim. Não acho que tenha sido uma criança triste, mas sempre fui muito consciente das imperfeições dos seres humanos. Acho que a escrita é mais atraente quando aborda as partes mais obscuras da existência. Eu me interesso pelas crises por que passam os personagens, porque, por intermédio delas, eles podem se desenvolver e aprender coisas novas.

Meus livros não têm um final feliz, mas apresentam uma espécie de transformação, um desenvolvimento que torna os personagens mais sábios e mais responsáveis. As crises lhes dão força e possibilitam a ultrapassagem das dificuldades.

Quais são os desafios que a mulher moderna do século XXI enfrenta em comparação a outras décadas? Digamos, há 30 ou 40 anos, uma geração atrás? As coisas estão mais complicadas para elas?

Hoje as mulheres têm de enfrentar a maternidade, a carreira, fazer dinheiro, ser donas de casa, tudo junto, numa velocidade incrível. Existem muitos desafios. De fato, a revolução feminista criou tarefas nada fáceis para as mulheres, porque elas estão ocupadas com suas carreiras e, ao mesmo tempo, devem ser mães devotas e passar mais tempo com seus filhos. Algumas vezes, isso representa uma contradição. É importante que os homens assumam as responsabilidades da casa, mas isso nem sempre ocorre. Por isso, como mães, temos a tendência de nos sentirmos culpadas. Sempre que eu viajo, me sinto culpada, pois acho que estou negligenciando meus filhos.

O terrorismo tem sido um tópico frequente nos últimos anos. Israel parece ter um longo histórico de terrorismo. Você passou por um ataque terrorista. Essa guerra do século XXI parece não ter cura. Ela é mais virulenta do que as guerras convencionais?

O terrorismo é diferente das guerras convencionais porque está em toda parte. Eu estava a duas quadras da minha casa e o ataque aconteceu debaixo do apartamento de meus pais. Foi inacreditável! Eles puderam me ver de sua varanda. O teto do ônibus estava despencando em seu apartamento. Não era um campo de batalha, e sim uma simples rua de Jerusalém. Fui ferida e onze pessoas morreram.

Os atentados estão ocorrendo em Bruxelas, Paris, em bares, restaurantes, aeroportos, paradas de ônibus, em lugares totalmente imprevistos. Assim, é muito difícil se defender. O medo está em todas as partes.

O que de fato está gerando o terrorismo, além da religião ou dos aspectos econômicos?

É uma espécie de paradoxo porque a religião deveria fazer com que nos sentíssemos melhor, que nos tornássemos mais humanos e considerássemos a vida como um presente divino. Infelizmente, o terrorismo é uma interpretação violenta dos conceitos religiosos. É principalmente uma revolução religiosa que implica paradoxo, pois, ao mesmo tempo que querem conquistar o mundo ocidental, matam aqueles que têm uma religião diferente. Na última Intifada em Israel, os terroristas eram rapazes jovens, de famílias ricas, não refugiados. Por isso, acredito que o terrorismo não tenha bases econômicas, pelo menos primordialmente.

Em *Pain*, você diz que o poder da rua é mais intenso e está se tornando cada vez mais extremista, sendo mais fácil odiar do que amar. Vemos isso na política, nos negócios, no dia a dia, na mídia...

Sim, é verdade. Acho que é uma resposta ao terrorismo. Eu até posso compreender, mas fico muito triste porque nunca senti ódio, nem mesmo quando fui ferida num atentado. As pessoas estão se sentindo desamparadas diante do terror e elas passam a odiar. Tento evitar o ódio quanto possível.

O mote "nunca pare de sonhar" é importante? Você considera que sonhar é o que nos salva ultimamente?

Sonhar pode tanto nos salvar como nos arruinar. Em *Pain*, quando sonhamos muito como Íris, algumas vezes negligenciamos a realidade, nossa própria vida. Quando eu era criança, sonhava todo tempo, vivia num mundo de fantasia e custei a ser mais realista e enfrentar a vida. Entretanto, se falamos de Israel, vemos que os judeus voltaram a esse país após muitos séculos devido ao sonho de um homem, uma espécie de milagre. Ainda temos de realizar esse sonho e desejar que Israel seja um Estado mais seguro e humano para garantir a paz. Temos muito o que fazer e não depende só de nós. Temos parceiros difíceis. Eu ainda sonho com a paz: me reuni, portanto, com um grupo de mulheres palestinas chamado **Women Wage Peace**. Tentamos trabalhar para obter a paz porque ainda estamos sonhando (risos).

Bibliografia

AMÂNCIO, Moacir. Yona e o andrógino - notas sobre cabala e poesia. São Paulo: Nankin, Edusp, 2010.

BARDUGO, Leigh. Sombra e ossos. Tradução Eric Novello. São Paulo: Planeta, 2021.

BOIANJIU, Shani. O povo eterno não tem medo. Tradução Débora Landsberg. Rio de Janeiro: Objetiva, 2013.

BLUWSTEIN, Rachel. E talvez/benyehuda.org/read/818.

BRANDES, Yochi. The orchard. Tradução Daniel Libenson. Nova Jersey: Gefen Publishing House, 2018.

CASTEL-BLOOM, Orly. Partes humanas. Tradução Viviane Gouveia. Rio de Janeiro: Imago. 2003

_________. Dolly city. Tradução Hakibbutz Hameuchad Publishing House. Tel Aviv, 2010.

COHEN, Zafrira Lidovsky. Loosen the fetters of thy tongue, woman. The Poetry and Poetics of Yona Wallach. Hebrew Union College Press: Cincinnati, EUA, 2003.

ELON, Emuna. House of endless waters. Crows Nest: Allen& Unwin, 2021.

FRANK, Rina. Toda casa precisa de varanda. Tradução Tova Sender. Rio de Janeiro: Record, 2008.

GUNDAR-GOSHEN, Ayelet. Uma noite, Markovitch. Tradução Paulo Geiger. São Paulo: Todavia, 2018.

_________. Despertar os leões. Tradução Paulo Geiger. São Paulo: Todavia, 2020.

_________. Liar. Londres: Pushkin Press, 2020.

_________. Outro lugar. Tradução Paulo Geiger. São Paulo: Todavia, 2022.

GUR, Batya. Literary Murder. Londres: Harpercollins, 1993.

HAREVEN, Gail. The confessions of Noa Weber. Londres: Melville House Publishing, 2009.

HEDAYA, Yael. Housebroken. Londres: Metropolitan Books, 2002.

_________. Accidents. Londres: Metropolitan Books, 2013.

_________. Lies: first person. New York: Open Letter Books, 2015.

HORN, Shifra. Four mothers. Tradução Dalya Bilu. Londres: St. Martin's Press, 2000.

_________. The fairest among women. Tradução H. Sacks. Londres: Judy Piatkus Publishers, 2000.

_________. Ode to joy. Tradução Anthony Berris. Londres: Judy Piatkus Publishers, 2005.

KANIUK, Yoram. Adam, filho de cão. Tradução (do hebraico) Nancy Rozenchan. São Paulo: Globo, 2003.

KATZIR, Yehudit. Closing the sea. Tradução (do hebraico) Bárbara Harshav. Londres: The Toby Press, 2006.

_________. Dearest Anne - a tale of impossible love. Tradução Dalya Bilu. Nova York: The Feminist Press at Cuny, 2008.

KIMHI, Alona. Lily, la tigresse. Tradução Daniel Libenson. Nova Jersey: Gefen Publishing House, 2017.

KRAUS, Luis Sergio. Entre exílio e redenção. Aspectos da literatura de imigração judaico-oriental. São Paulo: Editora da Universidade de São Paulo - Fapesp, 2018.

LAPID, Lihi. Woman of valor. Jerusalém: Gefen Books, 2013

LAPID, Shulamit. Valley of strength. Tradução Philip Simpson Londres: The Toby Press, 2012.

LEVI, Sarit Yishai. The beautiful queen of Jerusalem. Kindle, 2016.

LIEBRECHT, Savyon. Apples from the desert. Tradução (do hebraico) Margarit Weinberger Rotman, Jeffrey M. Green, Barbara Harshav, Gilead Morahg e Riva Rubin sob a direção do Instituto de Tradução de Literatura Hebraica. Londres 1998.

_________. A man, and a woman and a man. Traduzido (do hebraico) Marsha Pomerantz. Nova York: Persea Books Inc., 2001.

MATALON, Ronit. The sound of our steps. Tradução Dalya Bilu. Nova York: Metropolitan Books Henry Holt and Company, LLC, 2015.

MENDA, Leniza Kautz. Rindo do trágico. O humor na literatura israelense contemporânea. Porto Alegre: Artes e Ofícios, 2016.

MODAN, Rutu. A propriedade. Tradução de Marcelo Capola. São Paulo: Martins Fontes, 2015.

MOSCOVITCH, Cíntia. Por que sou gorda, mamãe? Rio de Janeiro: Record, 2006.

NEEMAN, Yael. We were the future: a memoir of the kibbutz. Sem tradução para o português. Nova York: Harry N. Abrams, 2011.

NITZÁN. Tal. Atlântida. Vários tradutores. Ars et Vita: Belo Horizonte, 2022.

RABINYAN, Dorit. Noivas persas. Traduzido (do inglês) Rui Gabriel Viana Pereira. Algés, Portugal: Difel:, 1995.

RAGEN, Naomi. An observant wife: a novel. Nova York: St. Martin's Press, 2021.

RATOK, Lili. Malach Haesh, al Shirat Yona Wallach. Tel Aviv: Ha-Kibutz haMeuhad, 1997.

SCHLESINGER, Hugo. Pequeno vocabulário do judaísmo. São Paulo: Paulinas, 1987.

SHALEV, Zeruya. Vida amorosa. Tradução Alda Porto. Rio de Janeiro: Imago, 2002.

__________. Pan. Tradução (do hebraico) Sondra Silverston. New York 2019.

SHEORI, Yaara. Aquarium. Tradução (do hebraico) Todd Hasak-Lowy. New York: Farrar, Straus e Giroux, 2021.

SHILO, Sara. The falafel king is dead. Londres: Portobello Books, 2012.

SZPILMAN, Marcelo. Judeus: suas extraordinárias histórias e contribuições para o progresso da humanidade. Rio de Janeiro: Mauad X, 2012.

SLAVUTZKY, Abrão & Edson Luis Andre de Sousa. Imaginar o amanhã. Porto Alegre: Diadorim Editora, 2021.

TSABARI, Ayelet. The best place on Earth. Nova York: Random House, 2016.

________. The art of leaving: a memoir. Nova York: Random House, 2019.

WALDMAN, Ayelet. Amor e memória. Tradução Debora Fleck. Rio de Janeiro: Casa da Palavra, 2014.

WALLACH, Yona. Tat Hacarah Niftachat Kemo Menifah (Poemas selecionados). edição de Menachem Peri, Hakibutz ha-Meukhad. Tel Aviv, 1992/2004.

Glossário

Mizrachi /Mizrachim: judeus provenientes dos países árabes.

Shoah: literalmente, significa "ruína", "desastre", "catástrofe". O termo se refere ao Holocausto ocorrido na Segunda Guerra Mundial.

Ashkenazi/Ashkenazim: desde o século IX, a palavra foi usada para designar os judeus alemães em oposição aos sefaradim.

#Me Too: movimento contra o assédio sexual e a agressão sexual.

Irgun: organização subterrânea judaica fundada em 1937 pelos membros do Betar que visava repelir ataques árabes contra os judeus na Palestina. Núcleo bastante ativo durante a Guerra da Independência.

Aguná: termo hebraico que se refere à mulher cujo marido está desaparecido. Segundo as leis rabínicas, ela não pode se casar novamente sem uma confirmação testemunhal da morte do esposo desaparecido.

Menorá: candelabro de sete braços, um dos símbolos do Judaísmo. O Zohar diz que a Menorá simboliza a árvore da vida, e os sete braços, os sete planetas ou as sete palavras que compõem o primeiro versículo do Gênesis.

Azizan: palavra cujo significado é "querido".

Ketubah: Termo hebraico que se refere ao contrato matrimonial judaico que estabelece as obrigações entre as partes como também prevê penalidade monetária em caso de divórcio.

Tefilin: filactérios. Duas caixinhas de couro contendo quatro trechos do Pentateuco que os israelitas geralmente usam a partir dos 13 anos durante as orações matinais, exceto aos sábados e nos dias festivos.

Dybuk: termo hebraico que significa "apagamento". Crença de que a alma do homem transmigra de seu próprio corpo, depois da morte, para outro ser humano.

Haredi/Haredim: grupos dentro do Judaísmo ortodoxo caracterizados por sua estrita adesão à Lei Judaica e às tradições, em oposição aos valores e práticas modernas.

Mitzvá: termo hebraico que significa "mandamento" ou "preceito da Torá".

Shiduch: termo que, dentro do Judaísmo, significa promover um "encontro" entre um homem e uma mulher de modo que venham a se casar.

Katyusha: família de lançadores múltiplos de foguetes.

Bar Mitzvá: cerimônia de maioridade religiosa que ocorre quando o jovem judeu atinge os 13 anos. A partir dessa data, ele deve participar e praticar todos os 613 mandamentos divinos, sendo ele mesmo responsável por seus atos.

Halvah: um doce do Oriente Médio feito de sementes de gergelim torradas, moídas e misturadas com açúcar derretido.

Huevos haminados: ovos cozidos durante muitas horas até obterem a cor marrom. Comida típica da culinária sefaradim.

Burrecas/Burrequitas: comida típica sefaradi. Espécie de pasteizinhos recheados com batata e queijo parmesão.

Kiflikas com queso: comida típica da culinária sefaradi.

Tabun: instrumento para o cozimento de alimentos.

Tzvat: também conhecida como "Safed", é uma cidade na província da Galileia .Tzvat se transformou na capital mundial da Cabala.

Fedayn: termo que se refere aos militantes ou guerrilheiros de orientação nacionalista entre o povo palestino.

Matzá/ Matzót: pão ázimo sem levedura que se come na Festa de Pessach.

Yeshivá: escola tradicional judaica dedicada ao estudo da literatura talmúdica e rabínica.

Hilel e Shammai: foram dois de nossos maiores sábios, cujas discussões sobre a Lei Judaica resultaram na criação de duas escolas de pensamento: a de Hilel - que era, geralmente, mais leniente -; e a escola de Shammai - que era mais rígida quanto às Leis da Torá.

ISBN: 978-65-85057-33-2